Das Buch

Marion Gräfin Yorck von Wartenburg, nach dem Zweiten Weltkrieg Richterin in Berlin, heiratet 1930 Peter Yorck von Wartenburg, den späteren Widerstandskämpfer gegen Hitler und Mitbegründer des »Kreisauer Kreises«. Nach ersten glücklichen, wenn auch recht spartanischen, Ehejahren in Berlin erlebt sie in Breslau und später dann auf dem Yorckschen Gut Kauern die schlesische Heimat ihres Mannes, das Leben auf den Gütern, die Weite der Landschaft und die menschliche Loyalität der schlesischen Bauern. Sie ist Zeugin, als sich der Widerstand gegen Hitler formiert, als Entwürfe entstehen zur moralischen und geistigen Neuordnung Deutschlands und schließlich der Entschluß zum Attentat. Nach dessen Mißlingen am 20. Juli 1944 wird sie zur Gefangenen in Hitlers Gefängnissen. In wochenlanger Einzelhaft erlebt sie hier die »Stärke der Stille«, die engste Verbundenheit mit ihrem inzwischen hingerichteten Mann und das Bewußtwerden der eigenen Kraft, aus der sich dann ihr ganzes weiteres Leben speist. Selbst in den un-
menschlichsten Situati[…] n-
teresse und liebevolle[…] en
Menschen.

Die Autorin

Marion Gräfin Yorck von Wartenburg, 1904 in Berlin geboren, studierte Jura und schloß das Studium 1929 mit der Promotion ab. 1930 heiratete sie den späteren Widerstandskämpfer gegen Hitler Peter Graf Yorck von Wartenburg. Nach dem Kriegsende arbeitete sie als Referendarin im Berliner Magistrat in Ost-Berlin und wurde 1946 Richterin am Amtsgericht Lichterfelde in West-Berlin. 1952 übernahm sie als erste Frau in Deutschland den Vorsitz eines Schwurgerichts. Als Landgerichtsdirektorin unterstand ihr die 9. Große Jugendstrafkammer bis 1969. Sie lebt heute in Berlin.

Marion Yorck von Wartenburg:
Die Stärke der Stille
Erzählung eines Lebens
aus dem deutschen Widerstand

Mit 13 Fotos

Deutscher
Taschenbuch
Verlag

Aufgeschrieben von Claudia Schmölders

Ungekürzte Ausgabe
Juli 1987 (dtv 10772)
5. Auflage Juni 1995: 31. bis 33. Tausend
Deutscher Taschenbuch Verlag GmbH & Co. KG,
München

ISBN 3-424-00787-0
Umschlaggestaltung: Helmut Gebhardt
Gesamtherstellung: C. H. Beck'sche Buchdruckerei,
Nördlingen
Printed in Germany · ISBN 3-423-30090-6

Inhalt

Vorwort

Marion Yorck hat mir ihre Lebensgeschichte kurz vor ihrem achtzigsten Geburtstag erzählt. Wie bei jedem Unternehmen dieser Art so mußten auch hier verschiedene Motive zusammenkommen, um den Plan in Wirklichkeit umzusetzen: der ältere Wunsch, der nachfolgenden Generation das eigene Leben zu überliefern, dann meine Fragen, und nicht zuletzt das Bedürfnis, noch einmal Zwiesprache zu halten mit ihrem Mann, Peter Yorck, der ihr Leben durch seine Beteiligung am Attentat auf Hitler vom 20. Juli 1944 nachhaltig bestimmt hat.

Die Erzählung dieses Lebens hat mindestens für die heutige Generation überraschende Züge. Nicht nur spricht hier die Frau eines Widerstandskämpfers und Zeitzeugin einer Epoche, deren schreckenerregende Realität uns mehr und mehr zu entrücken scheint. Zu Wort kommt vielmehr auch eine Frau, der – wie vielen anderen Frauen dieser Zeit – nach dem Tod ihres Mannes 1944 eine dramatische Selbstfindung zur beruflichen Verantwortung abgefordert wurde. Zu Wort kommt mit der Zeit vor 1944 schließlich auch die Erfahrung einer ehelich-familiären Existenz, ohne deren harmonische Ausstrahlung, wie Marion Yorck immer wieder betont, die politischen und kämpferischen Leistungen der Männer des »Kreisauer Kreises«, um die es hier geht, undenkbar gewesen seien. Diesem Rückhalt der Empfindungen, diesem Widerstand des Herzens setzen auch die hier abgedruckten Briefe Peter Yorcks an seine Frau ein Denkmal.

Marion Yorck hat, wie gesagt, ihr Leben *erzählt*. Sie hat es, von einigen Zusätzen abgesehen, nicht aufge*schrieben*. So sind Lebendigkeit, Subjektivität und Anschaulichkeit der gesprochenen Sprache erhalten geblieben; so ist eine Lebenserzählung aus dem Geist des Gesprächs entstanden; Überlieferung eines an Glück, Abenteuer, Leiden, innerer Stärke und Verantwortung reichen Lebens.

Dessen ganz eigene Lesart gibt Marion Yorck, die nicht

Schriftstellerin sondern weltoffene Juristin ist, dem aufmerksamen Beobachter durchgängig zu verstehen. Sie macht ihn zum Zeugen einer ganz erstaunlichen Offenheit des sozialen Blicks, vor allem auf die Welt der Frauen. Mit einer überraschenden Unbefangenheit, ja Zuneigung zeichnet sie eine Fülle von Frauenporträts, teils skizzenhaft, teils ausführlich: Frauen aus Rußland, Frankreich, Österreich, Polen; aus Norddeutschland und Süddeutschland; Krankenschwestern und Ärztinnen, Wachtmeisterinnen und Strafgefangene und Richterinnen, Frauen aus dem jüdischen Großbürgertum und aus der preußischen Hocharistokratie; Frauen, die mit ihr die Gefängniszelle geteilt haben und solche, die sie selber als Richterin verurteilt hat. Vor allem aber die schlesischen Bäuerinnen und ihr schlesisches alter ego, das »geliebte Mariechen«, die in diesem Jahr fünfzig Jahre mit ihr in ihrem Hause lebt.

Nicht daß die Welt der Männer – auch abgesehen vom Kreis der Verschwörer – nicht ebenso offen gesehen würde: auch hier reicht der Blick vom polnischen Landarbeiter über die mohammedanischen Tataren bis zu Professoren und Geistlichen, vom einfachen Gestapo-Mann bis zur Welt des preußischen Adels.

Möglich ist diese Breite, so mag es jedenfalls scheinen, durch den eigentümlich weiblichen, wenn nicht demokratischen Erzählstil, der gänzlich unpathetisch die Vorliebe Marion Yorcks für das Porträt dokumentiert: nicht nur für das ihres Mannes, sondern von Menschen überhaupt, gleich welcher Herkunft.

Eine Einstellung, der man empfängliche Leser wünschen möchte.

C. S.

Die Stärke der Stille

Erzählung eines Lebens
aus dem deutschen Widerstand

Zu Peters achtzigstem Geburtstag
am 13. November 1984

I

Es ist heute gar nicht so selbstverständlich, daß man als alter Mensch noch in der Stadt lebt, in der man geboren ist und eigentlich fast das ganze Leben gelebt hat. Ich bin hier in Berlin im Grunewald groß geworden und auch in die Schule gegangen. Wir waren sechs Geschwister, vier Mädchen und zwei Jungen; ich war die dritte. Wir zankten uns wohl manchmal, geprügelt haben wir uns nicht. Aber zärtlich gingen wir auch nicht miteinander um, ganz im Gegensatz zu den Geschwistern Yorck.

Meine Mutter, Else Winter, war eine eher herbe Frau. Sie war dreiundzwanzig, als ich zur Welt kam, und stammte aus Westfalen, aus der Familie Springorum. Ihre Mutter kam aus der Familie Waldhausen aus dem Rheinland. Aber bei meiner Mutter überwog das Westfälische. Das Rheinische kommt vielleicht wieder mehr bei mir zum Vorschein? Meine Mutter war zwar nicht streng, aber gegenüber Fremden sehr zurückhaltend. Dagegen hatte sie eine gute Art, mit unserem langjährigen Hauspersonal umzugehen. Da war immer Frieden, und sie wurde auch sehr geliebt; das war ihr abgeschlossenes Reich.

Mein Vater, Franz Winter, 1862 geboren, war im Ersten Weltkrieg Reserveoffizier beim Vierten Gardefüsilierregiment, bei den »Maikäfern«. Er wurde dann eingezogen und als Stadt-Kommandant nach Nisch in Serbien geschickt. An die Front kam er nicht, dazu war er damals schon zu alt.

Eine ganz wichtige Person war unser geliebtes Kinderfräulein. Sie hieß Schröder, aber wir nannten sie nur Röder; sie behandelte uns wirklich wie eine Mutter. Damals gab es ja überhaupt – anders als heute – zwischen Kindern und Eltern häufig eine Art Zwischenschaltung; die Mütter hatten keinen unmittelbaren Umgang mit den Kindern, jedenfalls nicht in den großen Familien. So war Röder über viele Jahre eigentlich wie eine Mutter für uns, und es gab manchmal ein gespanntes Verhältnis zwischen den beiden Müttern.

Als der Erste Weltkrieg ausbrach, waren wir gerade bei Röders Mutter in Güstrow. Wir fuhren zwei Wochen später nach Hause, der Vater holte uns am Stettiner Bahnhof ab, und ich besinne mich noch, daß ich ihn sah und laut schreiend auf ihn zulief, weil ich mir eingebildet hatte, er wäre tot. Denn Krieg, das war für mich damals dasselbe wie »tot«.

Später war es anders, denn meine Großmutter lud uns im ersten Kriegsjahr, als zunächst ja nur Siege gefeiert wurden, immer zu einer Torte in die Konditorei Hilbrich ein, und da bedeutete Krieg dann eben »Sieg«.

Wir Kinder hatten sehr verschiedene Beziehungen zu den Eltern. Ich war eigentlich immer mehr meines Vaters Tochter. Als ich noch viel kleiner war, pflegte er nachmittags seine Hunde zu rufen und so gegen fünf Uhr durch den Grunewald oder den Messelpark zu laufen, und für mich war es das größte Vergnügen, mit ihm zu gehen, falls die Mutter das nicht tat. Und weil er so riesige Schritte machte, hüpfte ich immer so im Dreivierteltakt neben ihm her. Worüber wir geredet haben, weiß ich nicht mehr, aber allein das Zusammensein mit ihm war schon beglükkend.

Die Eltern reisten in den Schulferien, wie das damals üblich war, natürlich immer mit den Kindern. Mein Vater saß lieber allein im Coupé, er nahm höchstens ein oder zwei Kinder zu sich, die andern saßen in einem anderen Coupé. Und wenn der Zug an einer Station hielt, mußten wir zum Vater und am Fenster wilde Grimassen schneiden, damit kein Fremder auf die Idee käme, sich zu ihm zu setzen.

In diesen Ferien reisten wir gewöhnlich entweder ins Gebirge oder an die See. Sehr oft fuhren auch unsere Großeltern Springorum mit. Mein Großvater war noch unnahbarer als meine Mutter. Man fühlte sich aber schon geehrt, wenn er einem auf die Finger klopfte. Er war Bergassessor und hatte ein Bergwerk, und auf seinem Schreibtisch lagen die merkwürdigsten Steine. Die waren für uns Kinder natürlich das Schönste, und wenn wir sie anfaßten, dann schnipste er mit dem Lineal nach unseren Fingern. Aber ich habe ihm das nicht übelgenommen.

Ich bin in eine Schule gegangen, die schon damals als fortschrittlich galt. Das war das Grunewald-, heute Walther-Rathenau-Gymnasium, eine sogenannte Aufbauschule, in der man ab Untersekunda Fächer dazuwählen oder aber die regulären intensiver belegen konnte. Ich habe in Griechisch und Latein Intensivkurse genommen. Das hat mich auch meinem späteren Mann gegenüber »empfohlen«...

Wir waren damals nur wenige in der Klasse. Neben mir saß Ursula Andreae, jetzt von Mangoldt, und noch in derselben Reihe saß auch Dietrich Bonhoeffer. Kontakt habe ich eigentlich nur noch mit Ulla Mangoldt. Es war also eine gemischte Schule, übrigens die einzige dieser Art in Berlin; und in der Klasse waren vier Mädchen und acht Jungen. Wir Mädchen bekamen in Betragen keine Note, weil Direktor Vilmar als Professor für Mittelhochdeutsch meinte, daß die Mädchen sich ohnehin so gut betragen müßten, daß darüber kein Wort zu verlieren sei!

Ulla war meine beste Freundin. Sie wohnte uns gegenüber. Gewöhnlich ging ich nachmittags zu ihr, und wir saßen zusammen und schwatzten. Manchmal kam sie auch zu mir. Sie hatte allerdings eine gewisse Scheu vor meinem Vater, der freundlich zu ihr war, aber auch nicht mehr. Während ich vor ihrer Mutter Angst hatte, einer Schwester von Walther Rathenau, einer blitzgescheiten Person. Aber damals empfand ich sie mit ihren schlagfertigen und schneidenden Urteilen als beängstigend. Und wenn ich wußte, daß sie da war, ging ich durch den Kücheneingang zu Ulla, weil ich da unangefochten zu ihr konnte.

Konfessionelles spielte in unserem Freundeskreis eigentlich keine Rolle. Dabei hatte die Schule im Grunewald zur Hälfte jüdische Schüler! Wir haben damals solche Unterschiede gar nicht bemerkt. Sie sind uns allen erst zu Beginn des Dritten Reiches aufgefallen; ich habe sie nie akzeptiert.

Politik hat mich überhaupt erst im Dritten Reich, an Peters Seite interessiert. In der Weimarer Republik war ich noch ganz unpolitisch, und ich entsinne mich nur an den Schrecken, der die Klasse durchfuhr, als Ulla Mangoldts Onkel, Walther Rathenau, 1922 ganz in der Nähe der Schule ermordet wurde. Das war wie ein Einbruch in eine Idylle.

Meine Erziehung war christlich, aber ganz unkirchlich. Ich kann mich nicht besinnen, daß meine Eltern jemals in die Kirche gegangen oder mit Pfarrern befreundet gewesen wären. Auch Peter und ich waren später lieber im Wald und fanden Gott in der Natur; in die Kirche gingen wir eigentlich erst ab 1943. Allerdings, Ulla Mangoldt und Dietrich Bonhoeffer haben später Theologie studiert; sie haben den Anstoß dazu wohl in der Schule bekommen.

Wir hatten nämlich einen Lehrer namens Kappus, ursprünglich Prinzenerzieher von Louis Ferdinand und seinen Brüdern. Er soll elf verschiedene Sprachen gesprochen haben. Er war ein reizender Mann, ganz klein, mit großem Kopf, und er konnte eben auch Hebräisch. Ulla und Dietrich und noch zwei andere haben bei ihm Hebräisch gelernt, um das Alte Testament in seiner Ursprache lesen zu können. Dadurch sind sie dann wohl auf die Theologie gekommen, jedenfalls Ulla.

Wie Dietrich Bonhoeffer genau dazu gekommen ist, weiß ich nicht. Sein Vater war ja ein berühmter Psychiater, nach dem die Bonhoeffer Heilstätten benannt sind. Ich war oft bei ihnen zu Hause, einmal im Monat mindestens zum Mittagessen. Dietrich kam auch zu uns oder zu Ulla; wir waren eine nette Clique.

Bei Ausbruch des Ersten Weltkrieges war ich zehn Jahre

alt. Dieser Krieg und die Niederlage 1918 hat das Denken der Menschen umgestülpt. Das »Wilhelminische« brach zusammen. Mein Vater aber war und blieb kaisertreu. Als er von der Abdankung des Kaisers hörte, weinte er. Er war verzweifelt.

Trotzdem wurden wir von unseren Eltern in unserer Entwicklung nicht in bestimmte Bahnen gelenkt oder gegängelt. Natürlich lernten wir Fleiß, Wahrheitsliebe, Anstand und, weil wir sechs Geschwister waren, auch Rücksichtnahme.

Der politische Umbruch war übrigens für junge Menschen in der Kunst viel stärker spürbar als in der Politik, die stets nur nachvollzieht. Ich denke an Kortners ›Richard III.‹, von Jessner inszeniert, und das Entsetzen meines Vaters über diese Aufführung. Aber wir konnten mit ihm nicht diskutieren.

Vielleicht ist es das Kennzeichen einer undemokratischen Zeit, Politik als etwas Gegebenes, nicht zu Beeinflussendes hinzunehmen. Nur in der künstlerischen Gestaltung kam etwas von dem, was uns bewegte, zum Ausdruck. Genauso erlebten Peter und ich später im Dritten Reich Theater und vor allem Konzerte. Und ich erinnere mich an das tiefe Glück von Peter, wenn er die ›Unvollendete‹ oder Beethovens Violinkonzert hörte. Die Kunst, vor allem die Musik, vermittelte ihm das Gefühl für Schönheit und Freiheit in einer ihn sehr bedrängenden Zeit.

Noch während der Schulzeit kam ich zweimal nach Schweden. Ich glaube, es waren jeweils drei Monate. Ich nahm schon beim ersten Mal siebzehn Pfund zu, denn es gab ja im Ersten Weltkrieg zuletzt fast nur Kartoffelbrot, und wir waren mager wie die Strippen. Dabei hatten wir eine liebe Bäckerin an der Fasanenstraße/Ecke Lietzenburgerstraße; dahin fuhren wir mit der Straßenbahn einmal in der Woche mit einem Waschkorb, denn wir mußten Brot für immerhin zehn Menschen besorgen. Und Frau Meisterin gab uns auf die Lebensmittelkarten immer etwas mehr, denn sie mochte uns Kinder gern. Ich besinne mich aber, daß das Brot so klitschig war, daß man oft noch Kartoffelschalen darin fand.

In Schweden gab es dann auch meine erste große Liebe, eine unglückliche. Ich glaube, eine erste Liebe sollte für ein Mädchen immer unglücklich sein; ob auch für einen Jungen, weiß ich nicht. Ein Mädchen lernt so viel dabei; sie wird eigentlich erst fähig, eine Ehe aufzubauen, wenn sie nicht mit vollen Segeln, hoch verliebt und lichterloh brennend hineingeht.

Meine Beziehung zu Peter war von Anfang an jedenfalls ganz anders als diese erste große Liebe, als ich dachte, es bleibt mir nur der Grunewaldsee.

Das war 1919 oder 1920, ich war also fünfzehn oder sechzehn. Ich hatte wieder eine Einladung nach Schweden, nach Stockholm bekommen, zum dortigen Intendanten, John Forsell, einem Freund meines Vaters. Dieser Intendant nun hat aus dem unsicheren, eckigen Mädchen, das ich damals war, etwas Vernünftiges gemacht. Er hat mir im wahrsten Sinne des Wortes das Gehen beigebracht, er hat gemerkt, daß ich mich selbst innerlich und äußerlich für böse und ausnehmend häßlich hielt und infolgedessen so unsicher war wie nur irgend möglich. Er nun fand das nicht, und dadurch hat er mich viel freier gemacht. Es hat mich auch sehr beglückt, wie diese schwedische Familie zusammen lebte. Zum Beispiel, daß sie zusammen nackt badeten, in einer so selbstverständlichen Weise, die mir völlig neu war und in unserer Familie unvorstellbar gewesen wäre. Es war alles ganz natürlich und liebevoll. Wir waren in der Beziehung anders erzogen! Wir gaben unseren Gefühlen keinen freien Lauf. Trotzdem finde ich immer noch, daß uns die Erziehung zur Zurückhaltung nicht geschadet hat. Und außer mir haben alle meine Geschwister daran festgehalten. Diese vernünftigen Prinzipien, die wir in der Erziehung bekamen, diese Lebensauffassungen haben uns doch auch Halt gegeben. Man war wohl manchmal anderer Meinung, opponierte aber nicht laut und stellte bestimmt nicht so viel in Frage, wie es die Kinder heute tun. Meine

Kindheit war auch längst nicht so ereignisreich und aufregend wie die meiner Großneffen und -nichten von heute. Wir sind viel stiller, geradezu abgezirkelt, aufgewachsen, ohne die Anregungen von Radio, Fernsehen oder die Möglichkeiten individueller, künstlerischer oder sportlicher Entwicklung.

Ich habe dann das Abitur gemacht und nachher angefangen zu studieren. Im ersten Semester Medizin. Aber die Anatomie, mit der man beginnen mußte, hat mich abgeschreckt. Ich dachte nun, es sei auf jeden Fall gut, wenn man logisch denken lernt, war nicht meine Stärke war. Daraufhin habe ich also Jura belegt. Mein Vater war darüber sehr glücklich, denn er hat immer Angst gehabt, daß eine seiner Töchter zum Theater gehen könnte. Er war Generalverwaltungsdirektor aller Staatlichen (früher Königlichen) Bühnen, und ein sehr beliebter Behördenchef auf dem schwierigen Gelände zwischen staatlicher Verwaltung und Künstlerseelen! Zu den Staatlichen Theatern gehörten damals die Oper Unter den Linden und das Schauspielhaus am Gendarmenmarkt sowie als Folge des Krieges von 1866 die Bühnen in Kassel und Wiesbaden. Mein Vater hatte daher in Oper und Schauspiel eigentlich immer Plätze. Und so konnte ich oft mit meinen Studienfreunden Oscar Schlitter und Klaus Curtius, dessen Vater später Reichsaußenminister wurde, nach den juristischen Übungen ins Theater gehen.

Ich entsinne mich auch noch, daß mein Vater jeden Morgen – noch vor dem Frühstück – vom Hauptkassierer angerufen wurde, der ihm die Einkünfte des Vorabends mitteilte. So preußisch und sparsam war man damals, daß diese Tageseinkünfte genau registriert wurden. Es waren eben noch nicht solche Subventionsbetriebe wie heute.

Über die Mutter von Ulla Mangoldt hatten wir außerdem Verbindung zu Max Reinhardt, denn sie bekam für die Reinhardtschen Bühnen Plätze. So haben wir damals in den verschiedenen Berliner Theatern fast alle Klassiker gesehen,

Shakespeares Dramen, den ›Prinzen von Homburg‹, von Jürgen Fehling inszeniert, und ›Orpheus in der Unterwelt‹ von Reinhardt. Das war ein großartiger Abend, wo das ganze Publikum mitsang und -lachte, wirklich ein Spektakel.

Von der Universität gibt es sonst nicht viel zu erzählen. Ich habe nur in Berlin studiert und weiß, daß wir ausgezeichnete Lehrer hatten. Martin Wolff zum Beispiel, ein kleiner Mann, der kaum bis ans Podium reichte, dessen Seminare und Vorlesungen so voll waren, daß man meistens stehen mußte. Die Mäntel hingen an den Fensterkreuzen, er sprach mit einer feinen, zarten Stimme; aber man hätte eine Stecknadel zu Boden fallen hören können, solch gespannte Stille herrschte.

Es waren nicht nur Deutsche in der Vorlesung, sondern damals auch schon Schwarze und viele Franzosen aus dem Libanon und Nordafrika.

Wolff war der Verfasser eines berühmten Zivilrecht-Lehrbuchs. Er war Jude und mußte im Dritten Reich sofort weg. Er ist nach England gegangen, aber er hatte es dank seiner englischen Frau nicht schwer. Die Übungen bei Wolff waren sehr schwierig. Wir waren in den Seminaren nur zweiundzwanzig Studenten, ich das einzige Mädchen. Ich mußte mich schon ziemlich zusammenreißen.

Ich erinnere mich auch noch an die Professoren Kohlrausch und Goldschmidt, bei denen ich Strafrecht und Zivilprozeßrecht gehört habe; sie waren für die Studenten so eindrucksvoll, weil sie frei und sehr lebendig sprachen und nicht vom Manuskript ablasen. Ich habe bei Martin Wolff mehrere Semester gehört und kann mich an keine Wiederholung erinnern.

Nach sechs Semestern habe ich dann sehr zur Freude meines Vaters meinen Referendar gemacht. Er war außerordentlich stolz auf seine Tochter, während ich mich – ehrlich gesagt – nicht so brennend für Jura interessierte. Ich würde es wahrscheinlich heute nicht wieder studieren, eher schon Biologie.

Für Politik habe ich mich auch während der Studentenzeit überhaupt nicht interessiert. Zeitung lesen habe ich erst nach dem Zweiten Weltkrieg gelernt. Den ›Völkischen Beobachter‹ las damals keiner von meinen Freunden. Wir Kinder waren nach dem Ersten Krieg eben ausgehungert, auch nach Leben! Wir lasen keine Zeitung. Daß man irgendwie Stellung nahm oder auch nur sich informierte, daran habe ich in jener Zeit noch gar nicht gedacht. Ich war kein guter Staatsbürger!

Die Inflation nach dem Ersten Weltkrieg und die zwanziger Jahre mit ihren wirtschaftlichen Nöten haben wir zu Hause nur daran bemerkt, daß den Eltern das Geld allmählich knapp wurde. Sie verkauften ihr schönes Haus in der Kronberger Straße und zogen nach Zehlendorf. Aber es hat uns nicht gestört. Wir waren eben sehr sparsam, vielleicht preußisch erzogen. Ich stand jeden Morgen um fünf oder sechs Uhr auf, wenn ich um acht Uhr Übungen in der Universität hatte, denn die Fahrt mit der Straßenbahn dauerte mindestens eine Stunde. Ich bin auch zum Beispiel ganz selten in einem Taxi gefahren. Und noch heute, wenn ich in eines steige und es riecht nach kaltem Rauch, denke ich an meinen Vater und habe ein schlechtes Gewissen. Er sagte, Taxifahren verrate schlechte Zeiteinteilung. Er selbst hatte allerdings einen Wagen mit einem Chauffeur namens August. Bei August habe ich fahren gelernt, als ich noch nicht volljährig war. Einmal wurden wir auf der Avus ertappt. Es kam heraus, daß ich noch keinen Führerschein hatte, und ich bekam einen Strafbefehl über hundert Mark. Da habe ich Einspruch eingelegt und mich vor dem Amtsgericht in Charlottenburg vor dem Strafrichter verteidigt. Ich sagte dem Amtsrichter: Wissen Sie, ich habe überhaupt keine Einkünfte, und warum sollen die Eltern für die Fehler ihrer Kinder aufkommen? Und überhaupt sind hundert Mark für einen Beamten mit sechs Kindern sehr viel Geld. Da wurde die Strafe halbiert.

Wir vier Mädchen hatten jede bis zu unserer Heirat ein Taschengeld von zwanzig Mark im Monat, aber ich habe nie gedacht, oh, wie ist das wenig. Ulla Mangoldt dachte übrigens genauso. Also, es mag leichtfertig klingen: aber wir waren damals sehr jung und haben eigentlich von den zwanziger Jahren nur das Schöne erlebt, das wunderbare Theater, getanzt, große Bälle besucht. An einen Ball erinnere ich mich besonders gut. Er fand bei Stresemanns statt, dem damaligen Außenminister. Ich hatte ein wunderschönes Kleid aus rotem Taft an, das aus einem alten Ballkleid meiner Mutter geschneidert war und Frau Stresemann sehr gut gefiel. Klaus Curtius, mein Studienkollege, war auch da, es muß etwa 1928 gewesen sein. Gegen Mitternacht arrangierte Frau Stresemann eine Polonaise der Tänzer zum Arbeitszimmer ihres Mannes. Ich sehe ihn noch an seinem Schreibtisch sitzen, mit sehr erstaunten Augen und ein wenig erschrocken über den Einbruch der ausgelassenen Jugend in die Stille seiner Arbeit. Ein Jahr später, 1929, ist er gestorben.

Über Politik wurde, wie gesagt, wenig gesprochen. Hitler wurde mit der Reichstagswahl von 1930 ein drohendes Etwas. Mein Vater machte sich zwar große Sorgen, denn er hatte einen jüdischen Großvater, ich also einen jüdischen Urgroßvater. Aber ich war einfach voller Lebenslust und Lebensfreude. 1933 sagte mein Vater einmal zu Peter und mir: Ihr armen Kinder, in was für einer Zeit werdet ihr leben müssen! Aber ich dachte: Och, ich lebe, und das Leben ist schön.

II

Im April 1928 fuhr ich zur Hochzeit der Tochter meines Patenonkels Köckritz nach Schlesien, wo ich noch nie in meinem Leben gewesen war. Ich sagte eine Reise nach Schweden, die ich mit meinem Vater hatte unternehmen wollen, ab, und machte mich auf den Weg. Das Gut der Köckritz hieß »Mondschütz«. Es war eine wunderschöne alte Wasserburg, und noch heute sehe ich mich abends an einem großen Tisch sitzen: hier der Platz für den Brautvater, dann ich, neben mir ein Platz frei. Es hieß, es würde noch jemand erwartet, der käme mit dem Motorrad. Es war schlechtes Wetter, also warteten wir auf ihn. Er erschien dann auch kurze Zeit später, setzte sich neben mich auf den freien Platz und sagte, wie ich fand, recht hochmütig zu mir: Ich kenne Ihre Telefonnummer. Ich antwortete ihm: Da sind Sie nicht der einzige.

Das war also meine erste Begegnung mit Peter. Ich fand ihn wirklich hochmütig und spöttisch, jedenfalls fiel mir das damals besonders auf. Ich weiß aber, daß er von diesem Tage an kein anderes Mädchen mehr angesehen hat. Er hat mir später erzählt, er habe sich schon damals überlegt, ob ich womöglich schon verlobt oder etwa katholisch sei. Aber ich war weder noch. Wir haben immerzu getanzt und uns wunderbar unterhalten. Am nächsten Tag sind wir nach der Trauung stundenlang um das Wasserschloß am Graben entlang herumgelaufen und haben uns auch über Literatur und Religion unterhalten.

Ich fuhr dann mit einem anderen Flirt nach Hause. Immerhin hatten Peter und ich ein Treffen hier am Bahnhof Halensee am nächsten Samstag verabredet, das war Anfang Mai. Als ich zu Hause ankam, habe ich mich als erstes hingesetzt und einen Absagebrief geschrieben. Ich schrieb: Es ist besser, wenn wir uns nicht wiedersehen. Du vereinnahmst mich so, daß ich noch gar nicht weiß, wohin das führen soll. Ich hatte das Gefühl, ich verliere mich und meine Selbständigkeit und überhaupt, die Öffnung ins Leben. Ich hatte einfach Angst. An diesem Sonnabend klingelte dann um halb drei das Telefon. Mein Vater war dran und sagte nur: Es ist für dich. Er fragte niemals nach dem Namen, wenn jemand für uns Kinder anrief, denn er hatte sehr viel Vertrauen zu uns. Offensichtlich war Peter schon ganz in der Nähe des Hauses. Wir trafen uns dann gleich am Roseneck. Wir gingen in den Grunewald; wir legten uns auch in die Sonne, und ich habe während des ganzen Spaziergangs nicht herausbekommen, ob er nun meinen Brief bekommen hatte oder nicht, so geschickt hat er immer drumherum geredet. Dann habe ich ihn nach Hause mitgebracht, und er hat sich schon bald mit meinem Vater sehr gut verstanden. Mit meiner Mutter weniger. Er hatte auch nicht die Gabe, gleich so unbefangen und natürlich zu sein, er wirkte zunächst sehr verschlossen, fast reserviert, wenn auch höflich. Meine Mutter konnte mit ihm nicht so richtig warm werden. Das ist den beiden nie gelungen.

Wir waren dann zwei Jahre miteinander befreundet. Peter war damals Referendar in Schlesien, in Oppeln, und wenn er nicht in Berlin war, schrieb er mir jeden Tag. Und diese frühen Briefe sind eben wie auch fast alle späteren verbrannt. Ich hatte sie einer Kinderschwester in Kleinöls anvertraut, weil ich nach dem 20. Juli Hausdurchsuchungen fürchtete und nach Berlin wollte. Aber als die Gestapo kam und das Schloß durchsuchte, hat die Frau aus Angst, ihre Eltern zu belasten, alle Briefe verbrannt. Als ich dann später aus dem Gefängnis kam und sie holen wollte, da war Peter mit seinen Briefen ein zweites Mal gestorben.

Er kam damals sehr oft mit dem Motorrad nach Berlin, etwa jedes zweite Wochenende. Wir sind viel zusammen im Grunewald gelaufen und abends ins Theater gegangen. Er wohnte hier bei seiner Schwester Püzze Siemens; und fast jeden Abend führten wir lange Telefongespräche, die seine Schwester »Drahtandachten« nannte, wobei sie nie herausfand, mit wem er denn telefonierte!

Schließlich machte er mir einen Heiratsantrag. Er fragte mich, ob wir »unsere Wäscheleinen zusammenhängen« wollten, und ich sagte: Ja.

Mein Vater, der fast zwanzig Jahre älter war als meine Mutter, sorgte sich, daß meine Bindung an Peter, der in dieser Zeit sehr häufig bei uns war, zu stark würde. Er fand ihn für mich zu jung und meinte, daß ich, wenn Peter vierzig Jahre alt wäre, doch schon eine ältere Frau sein würde und er erst im besten Mannesalter. Aber er hat unserer Heirat keinen Stein in den Weg gelegt. 1934 hat sich mein Vater erschossen, weil er sehr krank war. Das war für mich entsetzlich, denn ich habe ihn sehr geliebt. Er war eine in sich ruhende, starke Persönlichkeit, und viele Menschen machten ihm sozusagen den Hof. Ich weiß noch, daß auch die älteste Schwester meines Mannes, Püzze Siemens, ganz begeistert von ihm war, während sie es andererseits zuerst gar nicht gern sah, daß ich ihr den Bruder wegnahm!

1928 war ich dann zum ersten Mal in Kleinöls, dem Schloß der Familie Yorck in Schlesien, zur Rebhuhn-Jagd. Das war für mich wie ein Himmelreich. Dort scheint eine Sonne im September, du kannst es dir nicht vorstellen, und die Hunde schwitzen und wälzen sich im nassen Sand und sehen aus, als ob sie direkt aus der Wildnis kämen. Dazu die Weite der Landschaft, die fruchtbaren Felder, auf denen noch die Zuckerrüben und Kartoffeln standen, der Rohrwald, und darüber ganz nah und umfassend diese Sonne... Die Menschen erschienen mir offener und warmherziger als sonst; ich hatte sofort einen guten, ganz selbstverständlichen Kontakt. Die Familie Yorck wurde hier geliebt, und ich war bald die »Gräfin Peter«.

Peter hat mich dann zu meinem späteren Doktorvater gebracht, dem Staatsrechtler Geheimrat Hans Helfritz. Mein Thema hieß: ›Gehört der Tarifvertrag ins öffentliche Recht?‹ Wie ich die Frage entschieden habe, weiß ich nicht mehr. Jedenfalls haben Peter und ich uns gemeinsam an die Arbeit gemacht. Peter wohnte damals hier in Berlin in der Duisburger Straße, er absolvierte seine letzte Station als Referendar am Kammergericht vor dem Assessor. Wir entwarfen zusammen die Gliederung und schrieben eine, wie ich fand, sehr schöne Doktorarbeit. Als ich sie im Winter 1928/29 Helfritz zeigte, sagte er nur: Sie mutet mich an wie ein Blumenbukett! Denn natürlich hatte Peter einen anderen Stil. Nun, es ging aber alles glatt, und am 28. Juni 1929 promovierte ich zum Doktor der Rechte.

Als Frau zu promovieren war damals eher ungewöhnlich.

Eigentlich war es auch wieder mein Vater, der es so gern gesehen hat. Er war stolz auf mich und hat mich immer angespornt. Und außerdem hatte ich die Juristerei inzwischen ganz gern. Später hat mich dann die Strafjustiz viel mehr interessiert als das Zivilrecht. Es geht dabei mehr um menschliche Schicksale.

Auf die Idee, berufstätig zu sein oder zu werden, bin ich damals allerdings nicht gekommen. Ich wollte Kinder haben. Mit der Referendar-Ausbildung war ich noch nicht ganz fertig, als ich heiratete. Ich hatte zwar kurz nach der Hochzeit drei Jahre absolviert und hätte mich zum Examen melden können. Aber ich hatte etwas Angst. Ich finde auch heute noch, die Heirat strengt ein junges Mädchen sehr an, und es ist schon eine gewaltige Umstellung, ein tiefer Einschnitt ins physische und psychische Leben! Aber heute würde eine junge Frau sich wahrscheinlich anders entscheiden.

Am 29. Juni 1929 wurde also in Kleinöls gefeiert. Peters Mutter wußte inzwischen, daß wir heiraten würden. Sie hatte mir ein schönes Zimmer eingerichtet, so daß die Brüder von Peter ganz neugierig waren, für wen und warum. Zugleich mit dem Doktor wurde an diesem Tag auch der Geburtstag von Peters Mutter gefeiert. Jemand hatte einen Lorbeerkranz geflochten, und mein ältester Schwager Paul, genannt Bia, hielt eine Rede auf lateinisch. Es waren fast alle Geschwister da. Wir saßen an einer großen Tafel im Gartensaal. Alle waren sehr vergnügt. Plötzlich nahm Peters Mutter mir den Lorbeerkranz vom Kopf, setzte einen Kranz aus Rosen statt dessen hin und sagte: Jetzt kommt ja das viel Wichtigere als der Doktor, wir feiern ja heute Marion als Peters Verlobte. Und dann hielt sie eine entzückende Rede.

Überhaupt habe ich mich mit ihr wunderbar verstanden. Sie war ein unerhört liebevoller Mensch. Sie hatte Haar wie feingesponnenes Silber, war sehr empfindsam und lebte ganz vom Herzen ausschließlich für die Familie. Sie war auch der Mittelpunkt der Familie, und die Kinder liebten sie ungemein. Alles geschah immer aus Rücksicht auf sie; fuhr man nach Berlin, mußte man gleich anrufen, daß man gut angekommen war, und so weiter. Diese Familie hat mich dann gewissermaßen verschlungen; meine eigenen Geschwister sind von da an zu kurz gekommen. Auch meine Eltern. In der Bibel steht zwar, der Mann soll seinem Weibe anhangen, ich hab's umgekehrt gemacht. Ich verstand mich mit den Geschwistern von Peter besser als mit meinen eigenen. Zu Hause schien mir etwas zum geistigen Reichtum zu fehlen, wie soll ich es sagen, während bei diesen Kleinölser Kindern eigentlich jedes in seiner Art eine Persönlichkeit war. Es waren vier Brüder und sechs Schwestern: Paul (genannt Bia), Peter, Hans (genannt Hannusch), und der jüngste, Heinrich. Und es gab die Schwestern Bertha (genannt Püzze), Davida (genannt Dävy), Nina, Dorothea, Renate und die jüngste, Irene. Davida hat später in die Familie Moltke geheiratet, Nina in die Familie Prittwitz, Bertha in die Familie Siemens, und Renate in die Familie Gersdorff. Die jüngste Schwester, Irene, genannt Muto, war 1913 geboren. Sie war schon, als ich sie 1928 in Kleinöls kennenlernte, ein zärtliches, liebevolles Mädchen. Damals war sie fünfzehn. Mit ihr habe ich mich immer gleichbleibend ganz nah und vertraut gefühlt. Wir liebten uns. Ich habe sie auch dabei unterstützt, daß sie studieren durfte. Peters Mutter fand das zunächst nicht richtig. Und die boshaften Brüder sagten zu ihr: Krankenschwester darfst du werden, das ist das Äußerste, was du schaffen wirst. Dabei ist sie eine sehr gute Ärztin geworden. Sie konnte mit den Menschen sprechen und sozusagen erraten, in welchem seelischen oder körperlichen Aggregatzustand sie sich befanden. Muto war ein erstaunlicher Mensch. Als sie nach dem Krieg von einer schweren Krankheit gequält wurde, war das zwar hart für sie, aber selbst dann noch hatte sie dieses für sie so charakteristische Schwebende, Leichte, aber doch Intensive. Ich bin mit ihr fünf Mal nach dem Krieg schwarz über die Neiße gegangen; wir haben 1945 zusammen im Gefängnis gesessen, in Breslau,

Schweidnitz, zuletzt in Warschau –, alles das war vielleicht für ihre zarte Konstitution zuviel.

Peters Brüder haben nicht alle studiert. Bia, der älteste, war vor dem Referendarexamen mit mir beim Repetitor, hat aber kein juristisches Examen gemacht. Hans durchlief eine Landwirtschaftsausbildung; Peter hat in Bonn und Breslau Jura studiert. Er war bei den Bonner Preußen, einem Korps, dem er gern angehörte, das uns auf unserer Hochzeitsreise in Bonn ein gutes Essen gab. Unter diesen Korpsbrüdern hat er lebenslange Freundschaften gefunden: Dieter Dönhoff, Sylvius Pückler aus Branitz und Adolph Steengracht aus Moyland bei Kleve.

Hans fiel schon im September 1939. Seine Mutter reagierte darauf wie eine antike Mutter. Sie war völlig außer sich, daß ihr geliebter Hans, für den sie während der Schwangerschaft sieben Monate gelegen hatte, tot sein sollte. Wir haben sofort Dävy aus Wernersdorf geholt, denn sie war der einzige Mensch, der mit dieser verzweifelten Frau sprechen konnte. Dävy hatte schon für sie gesorgt, als Peters Vater 1923 ganz plötzlich starb. Sie hatte sich ins Bett gelegt und wollte nicht mehr aufstehen. Und erst, als Püzze Typhus bekam, da erwachten ihre mütterlichen Gefühle wieder, und sie hat sich um sie gekümmert. Als 1943 der jüngste Sohn Heinrich fiel, war sie schon viel ruhiger. Sie hatte gerade an ihn geschrieben, als diese Nachricht kam. Ach, sagte sie, ich bin ihm ganz nahe. Sie war damals sehr still und hat nicht diese archaischen Ausbrüche wie bei Hans gehabt.

Aber zurück zu uns beiden. Vierzehn Tage vor der Hochzeit machte Peter den Assessor. Er hatte den Termin so gelegt, daß er in Ruhe heiraten konnte, auch wenn er durchgefallen sein sollte... Wir haben kirchlich geheiratet, und zwar in der Schleiermacher-Kirche am Kaiserhof im heutigen Ost-Berlin. Es war alles ungemein feierlich. Weißt du, so etwas behält man eben eher in Erinnerung als bedrückende Dinge. Die Erinnerung ist eher geneigt, alles im rosaroten Kleid zu zeigen, bei mir jedenfalls. Und wenn die

Leute von mir sagen, was hat diese Frau alles durchgemacht, so muß ich antworten, auch das Schreckliche ist und bleibt ein seelischer Schatz für mich, von dem ich nichts missen möchte, und aus dessen Kraft ich noch heute lebe!

Trotzdem war die Hochzeit für mich nicht das Wichtigste in meinem Leben. Denn abends war ich unglücklich. Ich dachte, jetzt lasse ich meinen Vater einfach nach Hause gehen, und dahin gehöre ich doch auch! Es war für mich eine fast traurige Vorstellung, daß ich nun bei meinem Mann bleiben müßte...

Nun wollten wir, eigenwillig wie wir waren, unsere Wohnung am Lützowufer selbst einrichten und folglich sah es dort erstmal aus wie in einem unordentlichen Kramladen. Es gab eine Matratze, glaube ich, und ein wunderschönes altes Bett, und sonst nichts. Inzwischen war meine Schwägerin Dävy Moltke dagewesen und hatte wenigstens aufgeräumt, hatte einen Teppich aus Konstantinopel, wo ihr Mann Botschaftsrat war, hingelegt, eine Lampe aufgestellt und die Betten bezogen. So sah es fast wohnlich aus und wir waren ihr dafür sehr dankbar. Ansonsten standen Kisten voller Bücher herum, und Peter und ich haben dann tatsächlich sofort angefangen auszupacken, mitten in der Hochzeitsnacht. Und nach und nach wurde die Wohnung immer schöner und gemütlicher.

Eine finanzielle Rückendeckung hatten wir damals nicht. Peter hatte aus seinem Vermögen einen großen Betrag einem Freund überlassen, der in Not war. Er hatte das ohne eine Sekunde zu zaudern getan. Darin war er fabelhaft. Weil wir aber selbst fast kein Geld hatten, mußte er bald nach einer Arbeit suchen. Er arbeitete zunächst in der Anwaltspraxis, in der er bereits während seiner Referendarzeit tätig gewesen war, und wir bewohnten noch diese wunderschöne Wohnung am Lützowufer, in die wir nach der Hochzeit eingezogen waren. Aber bald, und zwar Ende

1931, war die Miete zu teuer, und wir zogen in eine düstere Hinterhauswohnung am Wittenbergplatz, Ansbacher Straße. Diese Wohnung gehörte unserem Malerfreund Luckner; einem Urenkel jenes Luckner, dem die Marseillaise gewidmet ist! Unsere eigene Wohnung vermieteten wir an einen norwegischen Freund. Auch in dieser kleinen dunklen Zweizimmerwohnung hatten wir aber eine schöne Zeit. Denn ich kochte für Peter und für Luckner, der mit uns beiden sehr nah befreundet war und von dem ich auch noch viele Bilder habe. Und manchmal rief Luckner mich an und sagte: Komm doch mal rüber und sieh dir das Bild an. Und dann lief ich zu ihm rüber, kam aber meistens schnell wieder zurück, weil es Peter gern hatte, wenn ich bei seiner Rückkehr zu Hause war. Einmal war es spät geworden, da stand der Portier auf der Straße und sagte: Komm'n *Sie* man nach Hause, Frau Jräfin! Tatsächlich hatte Peter, als er gesehen hatte, daß niemand da war, laut die Tür zugeworfen und war weg. Dieser Portier war eigentlich meine erste Begegnung mit einem waschechten Berliner. Das war ein toller Kerl mit Basedow-Augen, die ihm fast aus dem Kopf quollen. Oft klopfte er morgens an die Tür und sagte: Wo ist der Mülleimer? Wann soll ich mal Fenster putzen?

Wie hatten eben nicht viel Geld, und manchmal gab es wirklich nur Kartoffeln oder Mohrrüben. Wenn Peter oder Luckner aber Geld bekamen, dann steckten sie das in das sogenannte Silberschiff – das war eine Zigarrenkiste. Denn Peter bekam zur Zeit der großen Wirtschaftskrise sein Gehalt nicht in Scheinen, sondern zum großen Teil in Silbergeld und Groschen; das wurde alles da reingeschüttet. Oft bin ich dann schnell ins »Kaufhaus des Westens«, ins KaDeWe, gegangen und habe eingekauft. Einmal war es so wenig, daß ich nur eine Rolle Klopapier und ein Veilchensträußchen mitbrachte – das war, fand ich, das Wichtigste. Aber Hunger haben wir nicht gehabt, und über unsere knappe Kasse waren wir nicht unglücklich oder sorgenvoll. Wenn es wirklich schlimm war, sind wir nach Kleinöls oder nach Kauern gefahren, und ich habe viel zum Essen mitgebracht.

Ich weiß noch, daß Püzze Siemens, Peters älteste Schwester, uns mal in dieser Berliner Wohnung besuchte und sagte: Du lebst ja hier wie die Made im Speck. Ganz neidisch war sie, denn sie empfand ihr eigenes großes Haus als Last. Sie hatte vier Kinder, einen großen Garten, viel Personal, alles großzügig geführt, aber es strengte sie an. Besonders die Erziehung ihrer Kinder nahm sie sehr ernst. Aber trotzdem, sie hätte noch etwas anderes machen können. Sie war eine geistreiche Frau, ich habe sie immer bewundert. Sie war unerhört schlagfertig. Einmal heiratete ein Vetter und kam mit seiner Frau zu Peters Mutter. Alle, die gerade in Kleinöls waren, saßen dabei. Diese Frau fand nun nicht das Wohlwollen der Familie, aber alle hielten sich einigermaßen an die Regeln der Höflichkeit, nur Püzze sprach kein einziges Wort. Nachher machte die Familie ihr Vorwürfe und es hieß, du hättest doch, und das war doch nicht sehr freundlich von dir... Sie antwortete nur: Lieber einen Nachmittag unfreundlich als ein Leben lang verwandt sein. Zu Peter und mir sagte sie einmal: Ach, um euch braucht man keine Angst zu haben, ihr könnt ebenso gut auf einer Eisenbahnschiene leben wie in einem Schloß.

Püzze war Jahrgang 1899, aber nach dem Krieg hat sie immer 1900 gesagt. Sie wollte in diesem Jahrhundert geboren sein, und da ihre Geburtsurkunde in Schlesien verloren gegangen war, hat sie das einfach behauptet. Nach dem Krieg hat sie noch ein erstaunliches Leben gehabt, weil die Amerikaner sie als eine der Vertrauenspersonen für die ›displaced persons‹ hier in Berlin eingesetzt hatten. In einer wirklich aufopfernden Weise ist sie gelaufen und hat gesucht, hat nach Amerika, nach Italien, überallhin geschrieben. Überall hat sie für die von Deutschen verschleppten Menschen aus Lagern und KZs die Verbindungen mit der Welt wieder hergestellt; und das alles ohne Sekretärin, alles selbst getippt, ohne Chauffeur und ohne Auto. Ihr Mann war Friedrich Karl Siemens, ein Vetter von Karl Friedrich

Siemens. Er starb kurz nach seiner Frau, 1953. Wie entsetzt wäre sie, wenn sie wüßte, daß ihr wahrheitsliebender Mann auf ihrem Grabstein das richtige Geburtsdatum setzen ließ!

Am Lützowufer wohnten wir etwa von 1930 bis zum Jahreswechsel 1931/32. In den ersten Ehejahren erfüllte uns unsere »Zweisamkeit«, und wir hatten eigentlich nur wenige Freunde, dagegen eine große Familie, die uns in unserer Freizeit ausgiebig beschäftigte. Sonst waren wir, wie gesagt, hauptsächlich mit dem Maler Luckner befreundet, aber auch mit einigen anderen wie Hermann und Inez Abs. Zu unseren guten Freunden gehörten auch Männer von dichterischer Sensibilität wie Martin Katte, für den zum Beispiel das vordergründig Politische von geringer Bedeutung war, der aber fest in seiner Heimat und in seiner Tradition wurzelte, welche adlig und bäuerlich zugleich war. Ihn und eine Frau Anne besuchten wir häufig auf ihrem schönen Gut Zolchow, gelegen im Kattenwinkel der westlichen Mark Brandenburg; hier herrschte eine Atmosphäre wie in Fontanes ›Stechlin‹. Unsere Fahrten nach Schlesien wurden oft auch in Branitz in der Lausitz bei der Familie Pückler unterbrochen, wo wir den Alltag vergessen konnten. Ein so geselliges Leben wie ich es jetzt habe, hatten wir damals trotzdem nicht. In den ersten Jahren am Lützowufer fuhren wir eigentlich so oft wie möglich nach Schlesien. Natürlich traf man in Berlin Freunde und Bekannte bei Ausstellungen oder Konzerten, aber das war auch schon alles. Weißt du, so eine große Familie ersetzt dann die Freunde. Hier in Berlin wohnten ja auch Püzze und Dävy mit ihren Familien. Dann wollte Peter die Tätigkeit wechseln. Der Anwalt, bei dem er arbeitete, war auf dem Immobiliensektor tätig und das gefiel Peter auf die Dauer nicht. Er fand für eine Weile eine Stelle bei der Osthilfe, wo er zwar wieder wenig verdiente, aber viel herumfahren konnte. Er mußte die Güter besuchen, die in finanzielle Not geraten waren und denen geholfen werden sollte. Ich hatte, wie gesagt, noch eine Weile beim Anwalt gearbeitet, aber eigentlich wollte ich ja Kinder haben, und es ist wohl keine günstige Voraussetzung, wenn man es sich um jeden Preis wünscht. Ich mußte immer wieder zur Kur, in das böhmische Franzensbad, nach Bad Elster, zu allen möglichen Untersuchungen, es schien aber alles in Ordnung. Peters Mutter sehnte sich natürlich nach einem Enkel; trotzdem war ich ihr und Peter sehr dankbar, daß sie mich nie deswegen bedrängt haben. Einmal hatte ich allerdings eine Fehlgeburt, und da sagte Peter nur: Es ist doch nicht dein Kummer, es ist doch unser Kummer. Er konnte sein Leben auch ohne Kinder erfüllen, das schreibt er auch in seinem letzten Brief.

Beruflich war mir mit Beginn des Dritten Reiches jede Möglichkeit, außer einer Anwaltstätigkeit, versperrt. Frauen durften damals nicht Richter werden. Inzwischen waren das ganze Examen und die juristische Welt auch weit weg. Ich habe dann später für Kauern gearbeitet, zusammen mit meinem Schwager Hannusch. Aber davon erzähle ich dir später noch mehr.

Den Tag der Machtergreifung, den 30. Januar 1933, haben wir mit dem Fackelzug in der Wilhelmstraße erlebt. Wir sind hingegangen. Peter hatte gesagt: Wir wollen uns das mal ansehen. Uns war das schon die ganze Zeit sehr unheimlich, aber Hitler versprach den Menschen in dieser großen wirtschaftlichen Not endlich Arbeit und damit Hilfe, so daß man wohl vielen Menschen ihren damaligen guten Glauben an eine bessere Zukunft abnehmen muß. Sie ahnten nicht, welch ein Unheil Hitler über uns alle bringen würde. Peter und ich standen also bei dem Fackelzug in einer erregten Menschenmasse, und als die SA mit ihrem Marschtritt vorbeizog, spürten wir dieses Massenerlebnis, das Peter so abgestoßen hat, daß er nie auch nur in Versuchung gekommen ist, mitzumachen. Er war später ein halbes Jahr im Arbeitsdienst, weil er ohne das keine Anstellung als Regierungsassessor bekommen konnte. Der Arbeitsdienst galt als Ersatz für eine Mitgliedschaft in der Partei. Übrigens arbeitete er dort gern. Er mußte mit jungen Berliner Arbeitersöhnen die Havel regulieren und verstand sich gut mit ihnen. Sie waren gute Kumpel und halfen Peter bei der für ihn ungewohnten körperlichen Schwerarbeit. Nein, es war einfach sehr schwer, sofort zu wissen, wohin das führen würde. ›Mein Kampf‹ habe ich damals nicht gelesen. Auch später nicht. Ich wußte aber schon sehr bald, daß viele Menschen eingesperrt wurden. Als Peter noch bei der Osthilfe war, also schon 1933, fuhren wir einmal nach Torgau und kamen an einem Lager vorbei, das mit dickem Stacheldraht umzäunt war, unten ein großer Zaun und oben Stacheldraht nach innen und außen, und da sagte Peter: Das ist ein KZ.

Man hat schon sehr bald nach der Machtergreifung solche Lager errichtet. Ich entsinne mich auch noch an unseren Schrecken über eine Zeitungsnachricht viele Jahre später, in der von einem Telegramm des Gauleiters Koch aus Ostpreußen die Rede war, der seinem Führer gehorsamst meldete, daß Ostpreußen nun »frei von Juden« sei. Damals haben wir noch lange und im größeren Kreis über dieses entsetzliche organisierte Töten durch Deutsche gesprochen. Die Wehrlosigkeit gegenüber den Verbrechen im Dritten Reich quälte Peter am meisten. Deshalb beteiligte er sich eigentlich auch am 20. Juli. Nicht so sehr aus staatspolitischen Gründen, um Hitler zu töten, sondern um diesem entsetzlichen Morden an den Juden und dem Krieg überhaupt ein Ende zu setzen, dessen Folgen sich ja nicht auf Deutschland beschränkten, sondern schrecklich für die Franzosen, Norweger und Holländer, Polen und Russen waren.

Etwa nach dem Röhmputsch 1934 fing Peter an, nach Menschen zu suchen, die ihm geistig und politisch verwandt schienen. Er hat sich zum Beispiel mit Ehrensberger zusammengesetzt, der damals Ministerialrat war, und mit Albrecht Kessel und anderen und mit ihnen über staatsrechtliche und außenpolitische Fragen gesprochen.

Peter war übrigens wie ich vorher ein eher unpolitischer

Mensch. Ich kann mich nicht erinnern, daß wir vor 1933 jemals über Tagespolitik gesprochen hätten. Er war von Natur eher ein musischer und nachdenklicher Mensch. Er ging gern in Konzerte und hat viel Literatur gelesen, aber auch Geschichte und Theologie. Die Yorckschen Kinder waren vom Vater her daran gewöhnt worden, viel auswendig zu lernen. Der Vater las den Kindern jeden Abend vor und zwar entsprechend dem Niveau der Älteren. Aber die Kleinen waren meist dabei und fanden diese Atmosphäre anheimelnd und saßen unterm Tisch. Peters Mutter erzählte mir einmal eine frühe Geschichte von Peter, wie er auch so auf der Erde saß, und auf einmal spuckte der Vater, der unerhört verehrt wurde, irgendein Härchen aus, und das fiel auf Peters Kopf, und abends, als er gewaschen werden sollte, wollte er nicht, daß man »das Schöne« abwusch.

Peter hat sehr viel Klassiker gelesen, immer wieder. Und das gab ihm viel, es war ihm kein unnützer Ballast. Einmal zum Beispiel, mitten im Krieg, haben wir die ›Iphigenie‹ gelesen, Helmuth Moltke, Eugen Gerstenmaier und wir. Peter konnte die Gedichte des jungen Goethe aus der Straßburger Zeit und ganze Teile aus dem ›Faust‹ auswendig. Als er verhaftet wurde, dachte ich oft, wie gut für ihn, daß er das alles im Kopf hat. Aber er hat auch Modernes gelesen: Rilkes Gedichte, den damals viel besprochenen Ernst Jünger, Romane von Hamsun. Kafka gab es für uns noch nicht, den habe ich erst nach dem Krieg gelesen, Brecht auch nicht, überhaupt nichts Expressionistisches. Das habe ich alles erst nach dem Krieg kennengelernt. Auch im Theater haben wir meistens klassische Stücke gesehen. Wir waren auf das Zeitgenössische nicht neugierig; die Klassiker wurden uns eben vollendet geboten.

Mit Familiengeschichte hat er sich nicht befaßt, das interessierte ihn nicht. Aber er wollte immer gern etwas von Philosophie verstehen. Sein Großvater Paul Yorck war ein philosophischer Kopf. Aber dazu kam es nicht mehr. Gegen Ende des Krieges hat er immerhin mit einem Mitarbeiter des Wirtschaftsstabes Ost Werke von dem Theologen

Holl gelesen und sogar Ausarbeitungen gemacht; aber das ist alles verbrannt und verschwunden. Je näher das Ende seines Lebens rückte, desto mehr fragte er nach diesen Dingen und war auf der Suche...

Peter war beharrlich, aber auch spontan großzügig. Sein Vater fragte ihn einmal, als er vier Jahre alt war: Was willst du werden? Er meinte: Feldmarschall oder Koch. Der Vater: Das ist beides schwer. Peter: Ich kann es ja versuchen. Und als er 1931/32 bei dem Kommissar für Osthilfe arbeitete, kam er eines Morgens in seinem alten Opel ohne Mantel und Schuhe nach Hause. Er hatte beides unterwegs jemandem gegeben, von dem er meinte, er brauche es nötiger als er selber.

Es ist kein Zufall, daß die Hortensienstraße der örtliche Mittelpunkt für den wachsenden Freundeskreis und andere Widerstandskämpfer wurde. Denn Peter war mit seinem ausgleichenden Wesen der geborene Mittler zwischen so verschiedenen Männern wie seinem Vetter Claus Stauffenberg, Generaloberst Beck, Julius Leber und seinem engsten Freund Helmuth Moltke. Peter hatte eine ausgeprägte Fähigkeit, sachliche und persönliche Gegensätze redlich, ohne billige Kompromisse auszugleichen. Für ihn bedeutete Preußentum kein verlogenes militärisches Pathos, sondern Einsatzbereitschaft eines freiheitsbewußten Christen.

III

Von 1933 bis 1936 lebten wir dann in Breslau. Peter hatte eine Stelle als Regierungsassessor beim Oberpräsidium; wir bezogen eine hübsche Wohnung in der Lindenallee und hatten nun auch sehr viel Besuch und Kontakte. Wir hatten nämlich ein Studium Generale an der Universität belegt, an dem außer Günter Schmölders als National-Ökonom auch Viktor Weizsäcker als Mediziner, Peter Rassow als Historiker, Friedrich Gogarten als Theologe und viele andere teilnahmen. All die Professoren, aber auch Bildhauer, Maler und Architekten, hatten einen Kreis gebildet, und alle vierzehn Tage, erinnere ich mich, mußte jeder einen Vortrag über sein Fach halten, nach Art einer Ringvorlesung. Aber das Schöne war, daß es nicht nur die Vorträge gab, sondern richtige Gespräche darüber; jeder hat dem anderen zugehört. Peter war damals in diesem angesehenen Professorenkreis zwar nicht so zu Hause, aber doch ein gern gesehener Gast.

Professoren hatten übrigens eine große Rolle bei Peters Vater gespielt. Oft kamen sie samt Familien am Wochenende nach Kleinöls, und der Tisch war nicht selten für dreißig Menschen gedeckt. Die Zimmer im sogenannten Rentamtsflügel des Schlosses trugen die Namen von Professoren. Peters Vater hat das sehr gepflegt.

In Breslau habe ich mich auch sonst sehr wohl gefühlt. Maria, mein geliebtes Mariechen, von der ich später noch erzählen will, lebte schon bei uns und kochte wunderbar. Ich befreundete mich mit Etta Koenigs, einer geborenen Kalckreuth, einer Cousine von Peter, die etwas verrückt, aber sehr musikalisch und hochbegabt war.

In Schlesien haben wir auch auf dem Lande gute Freunde gehabt. Oft waren wir bei Praschmas in Falkenberg; das ist schon in Oberschlesien. Ein wunderschönes altes Schloß, ein herrlicher Wald dabei, voller Azaleen, und wenn sie blühten, duftete es ganz betäubend. Den katholischen Adel in der Nachbarschaft hat Peter übrigens mehr geschätzt als den protestantischen; von dem hatte schon sein Vater liebenswürdig spöttisch gemeint: Aufgewachsen wie das liebe Vieh. Die Kleinölser Yorcks waren geistig anspruchsvolle Menschen. Sie hatten eine universale Bildung, historisch, philosophisch und künstlerisch, eine milieubildende Kraft, die jeder spürte, der mit ihnen Umgang hatte. Die meisten Protestanten hatten ihre Jagd im Kopfe und ihren gesellschaftlichen Zopf; sie waren einseitig und langweilten Peter.

Unsere unmittelbaren Nachbarn waren die Prittwitz, und eine von Peter sehr geliebte Schwester hat einen Prittwitz geheiratet. Aber mit den übrigen nahen und fernen Nachbarn sind wir nie so recht warm geworden.

Von Breslau aus fuhren wir fast regelmäßig am Wochenende nach Kauern und Kleinöls. Besonders an die Weihnachtsfeiern kann ich mich gut entsinnen. Die Familie ging um Mitternacht an die Familiengruft, einem Schinkelbau, wo Peters Vater, Großvater, Urgroßvater und der Feldmarschall beigesetzt sind, und brachte kleine Bäume mit Weihnachtslichtern hin. Anschließend fuhren Peter und ich oft zur Christmette um vier Uhr früh in den Dom von Breslau. Das war jedes Mal wieder wunderbar.

Kleinöls, oder Klein-Oels, war eine Dotation an den Feldmarschall Yorck aus Dankbarkeit dafür, daß er am 3. Oktober 1813 bei Wartenburg den Elbübergang erzwungen hatte. Zu Kleinöls gehörten sechs Güter: Kauern, Weigwitz, Krausenau, Höckricht, Gaulau und Bischwitz. Sie lagen alle etwa zwei bis vier Kilometer voneinander entfernt. In Kauern, einem Gut von 1200 Morgen, lebte noch zu Zeiten des Feldmarschalls dessen Sohn im sogenannten Rotschloß. Die Güter wurden von Inspektoren verwaltet und waren alle etwa so groß wie Kauern. Das Ganze gehörte Bia, Peters ältestem Bruder. Er trat Kauern seinen neun Geschwistern zum Ausgleich von Verpflichtungen ab. Damit wurde Kauern zur Existenzgrundlage für meinen Schwager Hans, der Landwirtschaft studiert hatte und das Gut nun verwaltete. Peter und ich hatten dort eine kleine Wohnung. Als der Krieg bedrohlich wurde, brachten wir unsere schönsten Sachen von Berlin dorthin: Gläser, Porzellan, die Schränke, alles, was man so gesammelt hatte. Später habe ich noch Reste auf dem Misthaufen wiedergefunden.

Bia wurde eingezogen und in Italien durch einen Schulterschuß verwundet; nach dem 20. Juli blieb er bis zum Kriegsende verhaftet. Er war schon 1934 aus der Partei ausgeschlossen worden, nach dem Röhmputsch, und trat später der Bekennenden Kirche bei. Die Kirche blieb weiterhin ein wichtiger Bestandteil seines Lebens.

Die Beziehung meines Schwagers Hans zu den Leuten, die auf dem Gut Kauern arbeiteten, war menschlich sehr gut und nahe. Er ging oft abends zu einer der Familien und schwatzte mit ihnen: was die Kinder machten, was sie vielleicht einmal lernen sollten, ob jemand krank war und woran, und so weiter. All das war im besten Sinn patriarchalisch und vertrauensvoll. Fortschrittlich und etwas ganz Besonderes war die Einrichtung eines Kindergartens. Früher war das Kinderhüten die Aufgabe der alten Frauen. Was die größeren Kinder außerhalb der Schule machten, darum kümmerte sich kein Mensch. Die Alten fütterten die Babys, indem sie ihnen den Bissen wie eine Taubenmutter erst vorkauten und dann in den Mund schoben. Das war nun nicht gerade hygienisch, aber trotzdem waren sie eigentlich nicht häufig krank. Bei Kindern drohte allerdings oft die Gefahr einer Diphterie oder Lungenentzündung.

Hannusch war also sehr beliebt, und Peter und ich haben das geerbt. Und nachdem Hannusch schon in den ersten Kriegstagen gefallen war und ich die Verwaltung mit übernommen hatte, konnte ich mich immer noch in der Zuneigung zu ihm sonnen. Ich habe die Verwaltung Ende 1942 auch deshalb mit übernommen, weil ich sonst als kinderlose Frau womöglich in einer Munitionsfabrik hätte arbeiten müssen. Ich wurde also in Kauern sozusagen Gutsfrau in Zusammenarbeit mit unserem langjährigen Inspektor Lampl. Was ich früher mit meinem Schwager zusammen manchmal getan hatte, tat ich nun allein. Ich mußte aufpassen, ob der Weizen gegen den Virus gebeizt war, und so weiter, aber ich mußte eigentlich doch nicht viel *machen*, weil Inspektor und Schaffer viel mehr von der Sache verstanden als ich. Aber man mußte *da* sein.

Meine Hauptaufgabe war neben der Buchhaltung, Entscheidungen zu treffen, wenn man gefragt wurde. Zum Beispiel, wann mit der Sommersaat begonnen, wann die Kartoffeln gesteckt werden sollten, all dies wurde beredet. Dann hörte ich mir zusammen mit dem Inspektor die Meinungen der Schaffer an und wir haben beschlossen. Wir hatten eigentlich immer Glück mit den Ernten. Glück muß man haben, denn auf dem Land passiert sehr viel mehr als in der Stadt: entweder geht irgend etwas kaputt oder Tiere erkranken oder Scheunen müssen verputzt oder ein Dach neu gedeckt werden und so weiter. Der große wunderbare Schafstall, in dem zweihundertfünfzig Mutterschafe untergebracht waren, mußte zum Beispiel einmal renoviert werden. Und so arbeiteten auf dem Hof fast immer Maurer, Traktorführer, Stellmacher. Es gab auch einen Schafmeister. Das sind große Herren. Sie haben einen besonderen Ruf und Stand. Die ich kennengelernt habe, sind stille Menschen, die ihr Fach sehr gut verstehen. Denn damit eine Schafherde von solcher Größe mit ca. 250 Müttern und sechs Böcken, wie wir sie hatten, gedeiht, muß der Schäfer eine innige Beziehung zu diesen Tieren haben. Er muß ihnen bei den Geburten helfen und für die Lämmer sorgen, immer still und fürsorglich.

Es waren alles in allem auf dem Gut ungefähr sechzig Kinder, die man mit Namen kennen mußte, und es waren achtzehn oder neunzehn Familien. Dabei waren einige sogenannte Stellenbesitzer, die nicht unmittelbar auf dem Gut wohnten, sondern ein eigenes Häuschen und ein Stück Land hatten. Dieses Landstück wurde vom Gut mitgepflügt, der Besitzer erntete.

In Schlesien wurden sehr viel Zuckerrüben angebaut, sie waren kostbar und brachten wirklich Geld ein, wenn die Ernte gut ausfiel und die Zuckerprozente hoch waren. Rübenanbau war eine schwere Arbeit. Denn erstens hatte man noch keine Maschinen zum Hacken –, die Rüben wurden gesät und nachher mit der Hand vereinzelt, und zwei oder drei Mal gehackt, bevor man sie in Ruhe wachsen ließ. All das machten die Frauen. Alles in allem muß ich sagen, daß auf dem Lande die Frauen schwerer gearbeitet haben als die Männer, die zwar die Ochsen- und Pferdegespanne führten, aber eben nicht zu hacken brauchten. Das ist eine sehr anstrengende Arbeit. Heute gibt es dafür endlich Maschinen. Damals sahen die Frauen manchmal im Alter völlig waagrecht gebückt aus, so war ihr Rückgrat verbogen. Dann hatten sie noch ihre Kinder und ihr eigenes Vieh zu versorgen! Denn jede Familie hatte Hühner und ein paar Enten oder Gänse, und mindestens zwei Schweine.

Die Männer wurden gebraucht, um die Rübenernte aufzuladen und mit den Gespannen zum Bahnhof zu fahren. Wir hatten etwa acht oder zehn Gespanne in Kauern, mit schweren Pferden, denn es gab ja keine Gummiräder damals. Und ich besinne mich, daß bei der Ernte manchmal die Wagen so tief in der Erde versanken, daß sie nur vierspännig wieder herausgezogen werden konnten.

Die Rüben bekommen den besten Zuckergehalt wie der Wein noch im Herbst. Man erntet sie Ende September, Anfang Oktober, aber man muß aufpassen, wenn der Frost zu früh einsetzt. Außer den Zuckerrüben wurde auf Kauern auch Weizen, Hafer, Raps, Kartoffeln, Schoten angebaut. Wir hatten also wenig Viehwirtschaft. Hannusch interessierte sich besonders für die Felder, die Gründüngung; denn die Felder werden bald einmal rübenmüde, und dann muß man sie pflegen und den Boden anreichern. Man kann oft jahrelang nicht mehr Zuckerrüben anbauen, sondern muß etwas anderes machen.

Getreide wurde in Kauern zuletzt mit Mähdreschern geerntet, und kam dann auf den Schüttboden, wo leider immer Ratten waren. Dort mußte es beständig gewendet werden, damit es trocken blieb.

Wenn das alte Getreide verkauft war und das neue noch reifte, brachte die Milchwirtschaft das nötige Geld. Ich weiß noch rein rechnerisch, daß die letzten Löhne im Juni/Juli etwa noch von der Milchwirtschaft kamen. Das war die Überbrückung. Wir waren an eine zentrale Molkerei angeschlossen; die Milch wurde abgeholt, wir durften sie gar nicht selbst verkaufen. Aber alles wurde noch von Hand gemolken, von der Duckschen und zwei anderen Frauen.

Die Leute waren gegen Lohn angestellt. Sie hatten ihre Gärten, ihr Vieh, damit konnten sie machen, was sie wollten. Miete brauchten sie nicht zu zahlen. Vor allem bekamen sie im Herbst immer ihr Deputat. Dazu gehörte Milch, Korn, Kartoffeln, Zucker, Leinen, Raps. Das Deputat wurde auf dem Schüttboden verwahrt, und jeder bekam sein Teil. Es ist eigentlich kein Diebstahl vorgekommen und keine Beschwerde, daß der eine zu viel oder zu wenig bekommen hätte. Die Deputate an Getreide et cetera wurden zentral gespeichert, weil die Leute eben doch wenig Platz und viele Kinder hatten. Es gab zwar neue Arbeiterhäuser, sehr schöne, für vier Familien, aber die meisten wohnten im Schloß, das schon im vorigen Jahrhundert für Arbeiter umgebaut worden war.

Wenn die Leute krank waren, trat eine Allgemeine Ortskrankenkasse ein. Für die Alten hatte man in Kleinöls ein schönes Heim gebaut, weil es zu Hause meist zu eng für sie wurde, und solche Alten waren oft grubbelig. Man hatte ihnen hübsche Zimmer eingerichtet, aber sie wollten wieder zu ihren Familien zurück und sind dann alle nacheinander wieder nach Hause gegangen. Sie waren so unglücklich, und ich konnte sie verstehen. Wir haben dann versucht, sie in angebauten oder leerstehenden Stuben am Hof unterzubringen. Dafür hüteten die Alten dann Kinder und halfen auch sonst viel. Also aufs Altenteil hat sich eigentlich keiner gesetzt. Sie saßen oft auf dem Hof, auf einer Bank in der Sonne, ruhten sich aus und guckten zu, was sich so tat.

Ich weiß noch, wie der alte Gottlieb Gebühr starb, der jahrzehntelang die Ochsen geführt hatte. Ochsen führen ist eine ungemein langsame Angelegenheit. So ein Ochse hat einen halb so schnellen Schritt wie ein Pferd. Und der alte Gottlieb ging auch sonst genauso. Er erkrankte eines Tages an Krebs und starb. Er wurde mit vielen Blumen in einer Scheune aufgebahrt, und alle kamen. Er war noch mal so mitten unter ihnen, und am Ende gab es eine Feier, bei der der Sarg offenstand. Alles wurde fotografiert. Plötzlich sagte eine alte Frau zu mir: Ne scheene Leiche!

Es ist eben alles so natürlich auf dem Land. Auch der Tod. Er reißt wohl ein Loch auf, und so war es bei Gottlieb auch für mich, denn er sprach zwar wenig, hatte aber Humor, und der Lebensrhythmus, den er mit sich brachte, war schön. Dann wurde er beerdigt, und die Frau sorgte für das Grab, ohne irgendeinen Kult daraus zu machen. Es mußte nur ordentlich sein. Er wurde in Weigwitz beerdigt, da war auch die Kirche, das war so zwei, drei Kilometer entfernt.

Die Bauern waren sonst nicht sehr religiös, sie sind auch nicht oft in die Kirche gegangen. Auch Peter und seine Familie gingen eigentlich nur zu besonderen Feiern in die Kirche. In Weigwitz war auch die Schule, da sind die Kinder morgens zu Fuß hingelaufen. Die Lehrer waren damals nicht nur Lehrer: sie konnten Orgel spielen, verstanden meistens etwas von Bienen, viel vom Garten, von der Hühnerzucht; sie waren immer ein zentraler Wissenspunkt im Dorf. Nachher hatten wir allerdings schon zwei Lehrer. Es gab ja in Kauern viele Schulkinder und ebenso viele in Weigwitz.

Nazis gab es aber weder in Kauern noch in Kleinöls. Selbst die doch sehr strengen und gefürchteten Inspektoren auf den anderen Gütern waren es nicht. Einer der Höfe vom Dorf gehörte dem Ortsbauernführer, aber selbst der war kein Nazi, er hat uns nie verpfiffen. Er war ein sehr guter Landwirt, und Hannusch auch, und darin trafen sie sich. Ich will dazu noch folgende Geschichte erzählen: Man hatte uns im Krieg polnische Zwangsarbeiter zugewiesen, weil die Männer vom Gut zum Militär eingezogen worden waren. Die Polen kamen aus der Gegend von Krakau mit nicht mehr als einem Säckchen Habe. Unsere Leute staunten und fragten: Warum sind die von ihren Höfen weggegangen? Und ich antwortete ihnen: Wir haben sie vertrieben und Deutsche darein gesetzt.

Ich habe die Polen dann genauso behandelt wie unsere Leute. Sie haben das gleiche Deputat bekommen, an Zukker, an Leinen, an allem. Es waren übrigens sehr saubere Leute. Zwei alte Frauen waren dabei, die kochten und wuschen die ganze Wäsche von der Gruppe, vielleicht sechs Familien. Die Mädchen kamen fast jeden Tag mit sauberen Strümpfen in die Rüben, und da guckten unsere Leute; dieser Grad an Sauberkeit überraschte sie. Einer dieser Polen, er hieß Pjotr, bekam eines Tages plötzlich einen Koller. Er ging auf den einen Schaffer mit der Peitsche los. Er hat ihn Gott sei Dank in seinem Wutanfall nicht geschlagen, schmiß dann die Peitsche weg und wollte mit niemand mehr reden. Das war am frühen Morgen vor der Stalltür, und es waren sehr viele Zeugen dabei. So etwas wurde leicht an die Nazis verpfiffen. Ich hatte deshalb große Sorge um sein Leben und sagte: Jetzt wollen wir mal zusammenhalten. Keiner wird ein Wort darüber verlieren. Das kann jedem von uns passieren. Wir werden warten, bis der Herr Graf kommt, dann werden wir darüber sprechen.

Und es hat keiner etwas gesagt, und Peter kam am Sonnabend. Und die beiden Peter, der Pjotr und Peter, sind anderthalb Stunden um diesen riesigen Hof herumgelaufen. In der Mitte war ein kleines Haus, da wohnte der Schäfer mit seiner Familie, und da waren auch noch französische Kriegsgefangene untergebracht. Die beiden liefen also rund um den Hof und redeten und redeten. Dann wurde der Schaffer gerufen und die anderen Leute dazu, und Pjotr hat sich in aller Gegenwart entschuldigt, und Peter sagte: Und jetzt ist das erledigt; nun sind wir still.

Hätte man Pjotr verpfiffen, so wäre er sofort ins KZ gekommen. Das war so 1941/42.

Nach Kriegsende ging ich im Juni '45 zum ersten Mal zu Fuß mit Peters Schwester Muto zusammen von Kreisau, dem Gut der Familie Moltke, nach Kauern, das sind etwa zwei Tagesmärsche. Da trafen wir unterwegs einen Mann, der hatte so einen Stecken über der Schulter, daran hing ein kleines Bündel, und ich dachte, den kenn' ich doch, und dann war's der Pjotr. Und Pjotr hat dann Muto und mir die ganze folgende Zeit geholfen; er dolmetschte. Und so hatten wir den Russen gegenüber eine sehr gute Ausgangsposition, denn er erzählte ihnen von Peter, so daß uns kein Russe irgend etwas zuleide tat, im Gegenteil, sie wollten uns noch Kühe schenken.

Aber dieser Pjotr, das hat mich so erstaunt. Alles nur einfach Vernünftige, was man so aussät, menschenfreundliche Gesten, es kommt immer zurück, mit Zinsen. Und so war das mit Pjotr.

Auf Kleinöls und Kauern gab es vor dem Krieg große Gesellschaften, vor allem Jagd-Diners. Die Jagden wurden von Peter organisiert, obwohl er selbst nicht schoß. Zuerst gab es meist eine ganz familiäre Jagd auf Rebhühner, nur mit drei, vier oder fünf Schützen. Das war im September, und eigentlich mit das Schönste, auch weil die Hunde so leidenschaftlich dabei waren. An Asso zum Beispiel, den einen Gordon-Setter, erinnere ich mich noch. Asso war regelrecht passioniert. Wenn ein Huhn angeschossen ist, dann versteckt es sich, und die Hunde sitzen in den Rüben, bewegungslos. Man sieht nur die Augen hin und hergehen. Die Hunde kommen nicht zurück, bevor sie die Beute nicht gefunden haben! Diese Herbst-Jagden waren so eindrucksvoll, weil die schlesische Landschaft im Herbst am allerschönsten ist: ein Himmel, der wie bei der Ernte ganz nah ist, er nähert sich ganz blau und wölbt sich viel mehr als hier und hat ein ganz besonderes Leuchten.

In Kauern machten wir auch jedes Jahr Ausflüge, sozusagen Betriebsausflüge, immer nach der Ernte. Dann wurde ein Bus gemietet und man fuhr los. Das Ganze endete in einer Wirtschaft; es wurde getanzt und getrunken. Diese Feste waren sehr vergnügt.

Ich entsinne mich noch an die Geschichte mit der Duckschen. Wir hatten im Kuhstall an die dreißig Milchkühe, die Oberhoheit hatte die Duckschen, eine außerordentlich kräftige Person, aber durch und durch gutmütig. Einmal waren wir ins Eulengebirge gefahren. Da schrie die Duckschen ganz überwältigt: Da sind ja Berge! Sie hatte nie in ihrem Leben welche gesehen. Man kannte ja dieses Reisen früher gar nicht. Schon die eigentlich nahe Landeshauptstadt Breslau war für die meisten in weiter Ferne. Wo man zu Hause war, da lebte man auch, und eigentlich auch gern und zufrieden.

Unter den Bauern gab es, glaube ich, sonst keine Feste, außer eben dem Erntefest. Folklore und Tracht und so etwas gab's bei uns nicht. All diese deutschen Traditionen, wie es sie in Bayern und im Schwarzwald gab oder gibt, hatten sie nicht. Auch an Geschichtenerzählen kann ich mich nicht erinnern. Ich weiß nur, daß die alten Frauen am liebsten von der Familie erzählten. Sie hingen untereinander eng zusammen, die Liebe zur Familie spielte eine viel größere Rolle als zum Beispiel hier in Berlin. Geheiratet wurde meist in Nachbardörfer. Daß die Tochter eines Landarbeiters den Sohn eines Bauern heiratete, war an sich kaum möglich. Aber viele Mädchen waren eben auch sehr tüchtig, und damit kann man manche Männer überzeugen! So habe ich es jedenfalls erfahren, aber zugegeben, man muß heutzutage noch als Frau im Beruf besser sein als die Männer...

Schon damals jedenfalls fuhr ich sehr häufig von Kauern nach Berlin, weil mich Peter mehr und mehr um sich haben wollte, vor allem auch, weil dort die Gedanken allmählich in vorbereitende Handlungen zum Widerstand mündeten.

IV

Im Jahre 1937 zogen wir in die Hortensienstraße, zurück nach Berlin. Peters Chef Wagner, bis dahin Oberpräsident und Gauleiter von Schlesien, sollte als Preiskommissar von Breslau nach Berlin gehen. Peter zog als Vortrupp voraus, um die Behörde einzurichten. Die Hortensienstraße wurde unsere Bleibe bis zu Peters Tod. Hier sollte sich der Großteil der politischen Tätigkeit von Peter und seinen Freunden bis zum 20. Juli abspielen.

Ein Jahr nach unserer Übersiedlung ereignete sich dann die Reichskristallnacht. Peter war entsetzt, und besonders auch Maria. Sie wurde ganz, ganz still. Worunter wir am meisten litten, war die Unmöglichkeit, unserer Meinung Ausdruck zu geben. Man konnte nichts tun. Man war vor dem Terror ohnmächtig. So blieb nur dieses Suchen nach Freunden und Gleichgesinnten und Sich-Abstimmen übrig; jedenfalls vorerst. Die meisten Juden gingen damals sehr schnell in den Untergrund oder wanderten aus, wenn sie nicht einen arischen Partner hatten, der sie schützte. Aber selbst dann mußten sie, wie man mir später erzählt hat, nach Bombenangriffen an der S-Bahn und auf den Güterbahnhöfen aufräumen. Mit dem Davidstern auf ihren Kleidern wurden sie in Kolonnen aufgestellt und mußten arbeiten.

Ja, und 1938 trafen sich auch Helmuth Moltke und Peter zum ersten Mal, und zwar bei meiner Schwägerin Davida Moltke anläßlich einer Taufe in Wernersdorf. Im Januar 1940 erschien Helmuth dann zu einer ersten Unterredung in der Hortensienstraße. Aber diese erste Besprechung war noch nicht sehr gelöst, sie war eher tastend oder wie ein Florettgefecht. Die beiden mußten sich erst einstimmen. Aber sie steckten bei dieser Unterhaltung ein weites Feld von Fragen ab. Helmuth hat dann in einem Brief das Gemeinsame und das Trennende rekapituliert; Peter antwortete ihm, und so entstand der Briefwechsel zwischen den beiden, mit dem Ziel, gegenseitig die politischen Fragen zu klären. Helmuth und Peter waren sehr verschieden. Helmuth besaß einen Schuß englischer Wesensart in seiner betonten Zurückhaltung. Er war sehr sachbezogen, weniger musisch, und wirkte nicht nur, sondern war auch etwas hochmütig. Nicht einfachen Menschen gegenüber, denen ist er immer respektvoll begegnet. Jegliche Angeberei war ihm zuwider. Er trank keinen Alkohol, war sehr präzise in seiner Tageseinteilung und auf die Minute pünktlich. Auch die Gespräche der Freunde lenkte er, ohne ein Abgleiten zu gestatten. Er war willensstark, diszipliniert, ordentlich und analytisch intelligent.

Helmuth hat dann auch Eugen Gerstenmaier in unseren Kreis gebracht. Immer hat der eine oder andere jemanden mitgebracht und gesagt, das ist ein guter Mann, der versteht etwas, et cetera.

Wie es kam, daß unsere Wohnung in der Hortensienstraße so ein zentraler Ort für die Verschwörung wurde? Helmuth lebte ursprünglich in der Derfflinger Straße und hatte dort mittags oft einzelne Gäste. Aber später im Krieg wollte er nicht mehr dort schlafen, weil das Haus ein Flachdach hatte und deswegen besonders bombengefährdet war. Nach dem ersten großen Luftangriff zog er dann ganz in die Hortensienstraße, das war Anfang März 1943, aber vorher hatte er schon bei uns genächtigt. Durch die Erschütterungen von Bombeneinschlägen in der Nachbarschaft ist bei unserem Haus zwar mehrmals das Dach abgedeckt worden, aber schwer wurde es nur einmal getroffen, durch eine Luftmine, die vermutlich die S-Bahn am Gartenende treffen sollte. Aber man konnte immer darin leben, und das war für uns sehr wichtig, denn wir haben nicht, wie es offenbar andere Leute getan haben, zwischen den Angriffen im Hotel Adlon gefeiert, sondern waren ganz auf dieses Zuhause konzentriert. Und an diesen oft täglichen Abenden, zu denen die Männer kamen, waren wir auch so mit der politischen Arbeit beschäftigt, daß wir keine Zeit für irgend etwas rein Gesellschaftliches mehr hatten.

Helmuth war übrigens ein spartanischer Mensch in seinen Bedürfnissen. Er schlief oben in einer kleinen Mansarde. Auf seinem Bett lag ein Laken, darüber eine Wolldecke, alles war aufgeräumt bis ins Badezimmer, das wir alle zusammen benutzten. Er stand früh auf und man hörte ihn überhaupt nicht. Morgens hatte er schon das heiße Wasser für Peters Rasur vorbereitet und machte sich seine Haferflocken. Als er im Januar 1944 verhaftet worden war, kam einmal die Gestapo und sagte: Wir wollen uns mal das Haus ansehen, in dem der Graf Moltke gewohnt hat. Die Gestapo-Männer betrachteten sich das Haus, sie schüttelten nur den Kopf und einer sagte: Und in diesem Haus wohnen zwei Grafen mit solchen Namen! Sie dachten wohl an ein Schloß mit Daunenbetten...

Das Wort »Kreisauer Kreis« haben wir nie verwendet; man sagte nur »die Freunde«. Das Wort hat sich Freisler oder schon vor ihm die Gestapo ausgedacht, wahrscheinlich, weil in Kreisau, dem Moltkeschen Gut in Schlesien, drei Zusammenkünfte stattgefunden haben: Pfingsten 1942, dann Oktober 1942 und noch einmal Pfingsten 1943. Man traf sich im sogenannten Berghaus, in dem wir nach dem 20. Juli alle Zuflucht gefunden haben. Davon erzähle ich noch.

Die Kreisauer waren nicht unpolitisch. Zwar nannte Fritz Schulenburg »die Freunde« eher spöttisch einen Verein von Literaten und Schöngeistern, aber es erforderte doch wohl einen politischen Sinn, wenn man darüber nachdachte, wie die Verfassung, das Recht, die Erziehung, wieder an den ihnen gebührenden Platz gesetzt werden könnten. Die Tat, nämlich den tätlichen Angriff auf den Verursacher aller Rechtlosigkeit, ließ man zunächst aus. Aber das Denken und Planen für den »Tag danach« setzte gewissermaßen die Tat, mindestens aber ihr Ergebnis, voraus. Unter den gegebenen Umständen der Diktatur waren jedenfalls diese Diskussionen allein schon Hochverrat und, anders als Fritzi spottete, bereits lebensgefährlich.

Das Treffen der Freunde in wechselnder, nicht vorher bestimmbarer Zahl, war harte Arbeit. Die Themen der Diskussion hat oft Helmuth Moltke angeregt; auch die Verhandlungsführung lag in seiner Hand. Er war der Motor; Peter dagegen die integrierende Kraft, zusammenhaltend und ausgleichend. Andererseits gab es durch Peter auch die Verbindung zu Stauffenberg. Oft gab es gewichtige politische Meinungsunterschiede; aber alles stand unter dem Vorzeichen der gemeinsamen Gegnerschaft zum herrschenden System, so daß es Parteipolitik im Sinne der Demokratie nicht gab und nicht geben konnte.

Persönliche Erinnerungen habe ich vor allem noch an Julius Leber, der nicht unmittelbar zum Kreis gehörte. Ich entsinne mich, daß Peter, Helmuth und Leber sich einmal zum Abendessen in der Hortensienstraße zusammenfanden. Sie wollten kochen. Jeder sollte ein Gericht kochen, das er besonders gern aß. Peter machte eine Kräutersuppe, wie es sie oft in Kleinöls gab; dann kam das Hauptgericht von Leber: Wildkarnickel auf elsässische Art; und Helmuth machte zum Nachtisch kleine Crêpes Suzette. Da man aber peinlich darauf achten mußte, daß Leber nicht in Gefahr geriet, war er eigentlich nie mit den anderen Freunden zusammen bei uns. Hingegen gab es über Peters Vermittlung ein enges Vertrauensverhältnis zwischen Leber und Stauffenberg. Da ist wirklich ein Funke übergesprungen. Ich fand immer, man könne in Lebers Gesicht, in seinen vielen Falten, lesen wie in einem aufgeschlagenen Buch. Er war ein Skeptiker den Menschen gegenüber, aber er war nicht bitter. Er war älter als Helmuth und Peter, und die lange KZ-Zeit hat ihn natürlich sehr geprägt. Aber er hat fast gar nicht darüber gesprochen. Nur einmal hat er mir erzählt, daß er sich im KZ über einen solchen ledernen Bock legen mußte, wie man ihn zum Turnen benutzt, und er bekam von einem zwanzigjährigen SS-Mann Schläge auf das nackte Hinterteil. Alle andern Foltern, wie zum Beispiel stundenlanges Stehen in heißer Sonne, hat ihn nicht so verletzt wie diese Demütigung durch einen jungen Mann.

Seiner Frau hat er entzückende Briefe geschrieben, er liebte sie über alles. Aber er nahm sie nicht ganz ernst. Sie war für ihn ein Sonnenstrahl und ein Vögelchen und alles mögliche. Sie wußte erst sehr spät von der ganzen Verschwörung. Er wollte sie schonen. Aber sie hat von uns Frauen wohl das schwerste Schicksal gehabt, weil ihr Mann so lange, ich glaube insgesamt fünf Jahre, im KZ saß und nachher noch getötet wurde. Und Jahre später hat noch ihr gemeinsamer Sohn sich das Leben genommen.

Claus Stauffenberg stammte aus Württemberg, aus Lautlingen. Er war ein sehr liebenswürdiger und liebenswerter Mann, und er hörte den Menschen, mit denen er sprach, immer aufmerksam zu. Aber er war auch wiederum sehr dezidiert; und schließlich war er auch ein schöner Mann. Und das obwohl er durch eine schwere Verwundung in Afrika ein Auge verloren hatte, wodurch die eine Gesichtshälfte schwer lädiert war. Außerdem hatte er noch Daumen und Zeigefinger der rechten Hand verloren. Im Gegensatz zu seinem älteren Bruder Berthold Stauffenberg, mit dem er eng verbunden war, war er ein extrovertierter Mann. Beide verbrachten einige Jahre im Kreis um Stefan George. Ihr Onkel Nikolaus Üxküll vertrat bei ihnen Vaterstelle. Er liebte die Brüder wie Söhne und war ihr Vorbild. Stauffenberg und wir trafen uns sehr häufig beim »Nux«, wie er zärtlich genannt wurde. Zu Stauffenbergs Freunden und damit zu unseren gehörte auch Ulrich Wilhelm Schwerin.

Dann gab es auch noch unseren Freund Eugen Gerstenmaier, der zum Schluß sogar bei uns wohnte und damals noch sehr jung war. Er bewunderte »die Freunde« und war als Konsistorialrat vor allem für die kirchlichen Themen zuständig. Man schätzte seinen brillanten Verstand. Er hatte das Glück zu überleben und war nach dem Krieg ein guter, hilfreicher Freund für die ganze große Familie der Verschwörer. Mir schrieb er nach seiner Verurteilung in einem glaubensstarken Brief aus dem Zuchthaus in Bayreuth: »Deus est und Deus est pro nobis.«

Peter seinerseits hatte eher eine Neigung zu der katholischen Form des Christentums. Das zeigte sich schon während unserer Breslauer Zeit und ergab sich später durch die nahe Freundschaft zu Jesuiten, vor allem zu Pater Delp, der ein erstaunlicher Mann war. Viktor von Weizsäcker sagte einmal dazu: Ach, wissen Sie, katholisch muß man geboren sein, das kann man nicht werden. Pater Delp ist es allerdings doch auch »geworden«. Er ist konvertiert, und zwar mit großer Leidenschaft. Carlo Mierendorff war ein eher künstlerisch interessierter Mann, der sich am liebsten über Theater und Konzerte unterhielt. Man merkte dann immer, wie Helmuth innerlich ungeduldig wurde und »nun zur Sache« sagte.

Wir Frauen haben bei alldem nicht abseits gestanden. Peter hat nie etwas vor mir verheimlicht. Ich wußte immer, wann er weg war, bei wem er war, wie und wann er nach Hause kommen wollte. Er sagte mir eigentlich alles. Und auch an diesen Beratungen habe ich immer, wenn ich in Berlin war, teilgenommen. Ich habe den Männern oft gekocht und gehörte dazu. Ich mußte auch Nachrichten überbringen, mehrmals zu Leber, der damals in Schöneberg, in der jetzigen Leberstraße, eine Kohlenhandlung mit zwei Ausgängen hatte, damit er im Notfall auch verschwinden konnte. Mit Leber haben wir nie telefoniert, auch mit Carlo Mierendorff nicht. Und so bin immer ich zu Leber gegangen, um die Verabredungen zu treffen. Es waren zwar harmlose Aufträge, aber sie mußten ausgeführt werden. Freya Moltke war auch sehr gut informiert, vor allem durch Helmuths Briefe, die ja alle erhalten geblieben sind. Sehr gut befreundet war und bin ich bis auf den heutigen Tag mit Barbara Haeften, der Schwester von Klaus Curtius, mit dem ich studiert hatte. Barbara hat eine große Rolle in meinem Leben gespielt. Ihr Mann, Hans Haeften, war ein frommer Protestant, ein sensibler Mann, der schwer unter den Grausamkeiten des Dritten Reiches gelitten hat. Er und Bärbel gehörten der Bekennenden Kirche schon seit 1934 an. Seit langem hatte Hans übrigens auch darüber nachgedacht, wie man den evangelischen Gottesdienst lebendiger gestalten könnte, damit nicht allein die Predigt im Mittelpunkt stünde.

Ich habe überhaupt das Gefühl, daß Peter und Helmuth und Adam Trott und erst recht Hans Haeften und all die andern alles, was sie getan haben, nicht ohne ihre Frauen hätten tun können. Sie waren doch alle von der Liebe und der Gemeinsamkeit abhängig. Und von der Versorgung! Denn natürlich habe ich auch immer Essen aus Kauern angeschleppt, Koffer voll. Manchmal achtzig Eier, und da durfte man sich nicht draufsetzen. Diese Aktionen waren nicht ungefährlich; die Züge waren damals überfüllt. Ich weiß noch, daß ich manchmal fünf Stunden gestanden habe, den Koffer zwischen den Beinen. Und einmal sagte ein Soldat, an dessen Schulter ich eingeschlafen war: Setz dich doch bloß. Nein, sagte ich, das kann ich nicht. Aha, meinte er, das muß ja wohl was Zerbrechliches sein...

Wie die Menschen sich damals geholfen, und wie sie sich verstanden haben!

Ich brachte aus Kauern auch eingemachte Schoten mit. Es gab pro Jahr achtzig Büchsen, und das war die Arbeit der alten Muttchen. Sie saßen unter der Linde im Hof und palten die Schoten. Auch Fleisch brachte ich nach Berlin, obwohl eigentlich in Kauern alles eingeteilt war. Das »jährliche Schwein« zum Beispiel durfte zweieinhalb Zentner wiegen, aber tatsächlich wog es sieben Zentner. Wenn dann nach dem Schlachten der Fleischbeschauer kam, dann notierte er »drei Zentner«. Dafür bekam er dann natürlich seinen Teil. Wir in Kauern haben also nicht gehungert, wir konnten noch viel abgeben!

Unter den Frauen, die ich kannte, war fast keine den Nazis ergeben. Ich weiß, es haben viele Frauen Hitler begeistert gewählt, und ich erkläre es mir so, daß es der Beginn einer Emanzipation war. Hitler hat die Frauen geehrt, er hat ihnen die Mutterkreuze verliehen, ihnen Ferien verschafft. Natürlich, in Berufe durften sie nicht, sie mußten ja bei Kindern und Küche bleiben und, na ja, Kirche nicht, aber dafür gab es die NS-Frauenschaft. Die erste *richtige*, selbst nach dem Krieg unverbesserliche Nazisse ist mir erst, als ich Richterin war, begegnet. Sie wurde wegen Verbrechens gegen die Menschlichkeit verurteilt. Sie hatte während des Krieges einen weltbekannten Ornithologen, der sogar ihr Jugendfreund gewesen war, wegen einer einzigen defätistischen Äußerung über den verlorenen Krieg denunziert, weswegen ihn Freisler zum Tode verurteilt hat. Ich war damals Beisitzer, und Vorsitzender war Richter Levi, ein alter, gescheiter und weiser Jude, beinah wie Lessings Nathan. Er sagte am Schluß ganz erschüttert: Also, das gibt's noch heute. Er selber hatte eine arische Frau und konnte aus diesem Grund dann auch überleben. Aus der unmittelbaren Umgebung kann ich mich nur an eine einzige Frau erinnern, die parteiabhängig war. Sie wohnte in unserer Straße und sammelte für die NS-Volkswohlfahrt und wollte, daß wir den ›Völkischen Beobachter‹ abonnierten, den wir nicht hatten. Sie war mißtrauisch, wir auch. Sie wohnte drei Häuser weiter, man grüßte sich, aber das war auch alles.

Hitler selbst habe ich nur ein einziges Mal in der Philharmonie gesehen. Furtwängler dirigierte. Ich sah Hitler als letzten Besucher mit dem ganzen Schweif von Leuten hinter sich hereinkommen, dann nahm er in der ersten Reihe Platz. Reden hören habe ich ihn nie, auch nicht im Radio.

Angst habe ich aber trotz allem nie wirklich gehabt. Nur einmal, am 17. Januar 1944, als die Gestapo Helmuth Moltke verhaftet hat. Damit hatten wir überhaupt nicht gerechnet, und er hatte uns auch nicht erzählt, daß er Kiep, der früher Reichspressechef war und zum Kreis um Frau Solf gehörte, vor der Überwachung seines Telefons gewarnt hatte. Kiep wurde verhaftet und nannte im Verhör Helmuths Namen. Wir saßen also zusammen mit Eugen Gerstenmaier und warteten und warteten, denn eigentlich war Helmuth ein sehr pünktlicher Mann. Und plötzlich kam Eugen vom oberen Zimmer herunter und sagte nur: Sie kommen. Und tatsächlich hielten zwei Autos mit abgeblendeten Scheinwerfern in der Hortensienstraße, was auffiel, weil nur noch wenige Menschen mit Autos fahren durften. Kurz darauf kamen zwei Gestapo-Männer. Ich sehe den einen noch vor mir, er hatte rote Haare und sah eigentlich ganz nett aus, jedenfalls nicht unfreundlich; er ist später noch oft gekommen. Sie sagten zu mir: Wir haben hier einen Brief vom Grafen Moltke für Sie, wir sollen für ihn Sachen holen. Und während wir so mit ihnen sprachen, versuchte ich herauszukriegen, wann und wo sie Helmuth verhaftet hatten, und wo sie ihn jetzt festhielten. Wir wußten, daß er mit Leber verabredet gewesen war, und ich wollte herausfinden, ob Leber auch verhaftet worden war. Aber sie sagten nur: Er ist gut untergebracht. In dem Brief stand allerdings: Ich bin in der Prinz-Albrecht-Straße, bitte packt doch die Zahnbürste ein und was man so braucht, und sagt Freya Bescheid. In der Prinz-Albrecht-Straße war eben der Sitz der Gestapo. Also in dieser Nacht, als Helmuth verhaftet wurde, da haben Peter und ich sehr viel über uns gesprochen, wieviel Kraft uns unsere Zweisamkeit gäbe, und was wir als nächstes tun müßten. Wir haben nur wenig geschlafen, denn nun hatten wir zum ersten Mal diese Kerle im Haus gehabt! Die Gestapo hatte übrigens bis dahin gegen uns keinen Verdacht. Nun aber fingen sie an zu suchen, ließen sich dies und jenes zeigen und wunderten sich, daß Helmuth bei uns gewohnt hatte. Sie kamen oft ganz unvermittelt und gingen an das Bücherregal, und ich hatte immer Sorge, daß aus den Büchern irgendwelche Zettel herausfielen, die sich Peter gewöhnlich als Lesezeichen oder zur Erinnerung einlegte. Sie benahmen sich, als ob sie bei uns zu Hause wären, aber ohne uns zu bedrohen. Peter ist vor seiner Festnahme nicht verhört worden.

Nun war gerade Helmuth Moltke gegen eine Beteiligung der Kreisauer am Attentat auf Hitler. Er meinte, Waffen tragen und Waffen gebrauchen könne nur das Militär, das sei eine Sache der Generäle. Als er im Januar 1944 verhaftet wurde, gab es, glaube ich, noch keinen konkreten Attentatstermin. Jedenfalls wußte ich nichts davon. Ich wußte erst Anfang Juli etwas von dem geplanten Datum und zwar nachdem Leber und Reichwein, die eine Verbindung zu den Kommunisten gesucht hatten, verhaftet worden waren. Stauffenberg hatte Sorge, daß sie in den Verhören der Gestapo und unter der Folter nicht lange dichthalten könnten. Er fühlte sich Julius Leber gegenüber verpflichtet, etwas zu tun.

Peter glaubte auch nicht an eine große militärische Aktion unter Beteiligung der Generalität. Volles Vertrauen hatte er aber zu Claus Stauffenberg. Ihm hatte er, ohne daß es weiter vieler Worte bedurft hätte – nach meiner Erinnerung um Weihnachten 1943 – versichert, daß er stets an seiner Seite stehen würde. So war es denn auch am 20. Juli 44.

Peter und Claus waren beide davon durchdrungen, daß Hitler seinen Eid gegenüber dem Volk gebrochen hatte. Für beide ging es auch um die Frage des Tyrannenmords, und sie haben sich diese Frage nicht leicht beantwortet.

Peter war in den letzten Wochen von einem tiefen Ernst und großer Traurigkeit. Er las viel in der Bibel, weit über das übliche Maß hinaus. Ich weiß nicht, ob er an ein Gelingen des Attentats glaubte, wohl aber glaubte er, daß es gewagt werden müsse. Vielleicht ahnte er seinen Tod schon und war deshalb in dieser Stimmung, die ich auch schon an Hannusch, bevor er in den Krieg ging, beobachtet hatte. Diese Vorbereitung auf den Tod, dieses Sich-Lösen aus der Welt, in der man lebt und arbeitet, und in der man mit Kopf und Herz verwurzelt ist, muß ein sehr schmerzlicher Prozeß sein.

Kurz vor dem Attentat besuchten Peter und ich noch Adam Trott, der mit einer Gallenkolik krank im Bett lag und verzweifelt sagte: Wenn dieser Koloß Hitler zusammenbricht, reißt er uns alle mit in die Tiefe. So war die Stimmung damals.

V

Am 18. Juli 1944 fuhren wir nach Weimar, wo die Hochzeit von Sylvius Pückler am 20. Juli stattfinden sollte. Wir wohnten in einem hübschen alten Hotel, vor dem ein schöner alter Brunnen auf dem Platz stand. Am Polterabend hielt Peter eine Rede auf das Brautpaar, und es war eigentlich eine Rede auf mich. Die Braut war ganz traurig, weil sie wohl spürte, daß Peter mit seinen Gedanken ganz woanders war. Sie konnte erst später richtig verstehen, wo.

Es war mit Claus verabredet, daß Peter, wenn er nichts hören würde, am 20. früh um acht in der Bendlerstraße sein müsse. Er hörte nichts, es kam kein Telegramm. Wir gingen durch den Park, es war eine wunderbare Nacht, wir haben uns das Gartenhaus von Goethe angesehen und noch eine Weile auf dem Brunnenrand gesessen. Peters Zug ging nachts um zwei. Er packte seine Sachen und sagte: Jetzt muß ich wohl gehen. Das waren seine letzten Worte. Ich sehe ihn noch die Treppe heruntergehen, eine Wendeltreppe, und er winkte. Er war in Uniform, damit er ungestört reisen konnte. Dann war er für mich verschwunden. *Er* hat *mich* noch einmal gesehen, nämlich beim Prozeß. Er hat Pfarrer Poelchau gesagt, er hätte mich aus der »Grünen Minna« heraus noch gesehen, wie ich aus dem jetzigen Kontrollratsgebäude in der Elßholzstraße kam, wo damals der Volksgerichtshof tagte.

Er fuhr also in der Nacht aus Weimar fort, war auch pünktlich in Berlin, und fuhr wie verabredet sofort in die Bendlerstraße in das Oberkommando der Wehrmacht, das

OKW. Ich sollte eigentlich erst am übernächsten Tag nachkommen, war aber unruhig. Nach der kirchlichen Trauung in Weimar bin ich gleich am nächsten Tag, am 20. also, losgefahren. Bei Bitterfeld gab es schwere Luftangriffe, und der Zug blieb mitten auf der Strecke stehen. Man kam und kam nicht nach Berlin; es wurde ungefähr acht Uhr abends, und ich wußte nicht, ob das Attentat gelungen war oder nicht, und in diesem Zug sagte auch kein Mensch: Gottlob lebt der Führer, oder: Ach wie schade, daß er nicht tot ist, oder so. Es war für mich unheimlich. Ich war um halb elf losgefahren und kam gegen acht Uhr abends an, so lang hat die Fahrt von Weimar gedauert, für die man sonst nur gut drei Stunden brauchte! Der Zug war sehr voll, und Plakate mit der Aufschrift »Feind hört mit« hingen überall in den Coupés und auf den Gängen. Die Menschen sprachen nicht miteinander und wollten sich auch nicht kennen. Als ich hier ankam, war der Bahnhof knüppelvoll mit Soldaten, wie damals immer. Maria, die liebe, hatte aber herausgefunden, wo und wann der Zug ankam und brachte die Nachricht von Peter, ich solle gleich nach Schlesien weiterfahren. Sie erzählte mir auch, daß das Attentat wahrscheinlich mißlungen war. Wir sind vom Anhalter Bahnhof zum Schlesischen Bahnhof gelaufen und saßen dann die ganze Nacht auf den Treppenstufen im Bahnhof und fühlten dankbar unsere Nähe. Früh um acht ging mein Zug nach Breslau. Dort im Bahnhofshotel, wo ich noch etwas für Kauern abholen wollte, schallte es schon aus dem Lautsprecher des Radios: »Diese Verbrecher!« Und daß Claus sofort, natürlich, erschossen worden war. Unser »himmlischer Führer« war also am Leben geblieben, und Peter war verhaftet worden.

Ich fuhr also von Breslau weiter nach Kauern, bin aber sehr bald von Kauern aus zu Peters Mutter nach Kleinöls gefahren. Sie hatte schon von allem gehört. Der Verwalter hatte ihr erzählt, daß das Attentat mißlungen war; man hat sie dann später in Sippenhaft genommen. Das war für sie eigentlich eine wunderbare Lösung, denn so hatte sie das Gefühl, sie könnte etwas für Peter tun und müßte seinen

Tod nicht so ohnmächtig erleiden wie den von Hannusch 1939.

Es war fast, als hätte dieser Hitler nicht sterben sollen. Er war in jener Zeit überhaupt sehr vorsichtig, arbeitete fast nur unten in der Wolfsschanze, die zwei Stockwerk tief in die Erde gegraben war. Dort hätte die Bombe eigentlich alles und alle zerstören müssen! Aber ausgerechnet an dem Tag, einem schönen Tag, beschloß er, die Besprechung oben in der Baracke abzuhalten!

In der Erinnerung an die Zeit zwischen dem 20. Juli und dem 7. August, dem Tag von Peters Prozeß, bin ich immer unterwegs. Mehrfach bin ich zwischen Berlin und Kleinöls hin und her gefahren und habe an vielen verschiedenen Dienststellen der Gestapo in Berlin, in der Meineckestraße, der Kurfürstenstraße, dem Prinz-Albrecht-Palais versucht, eine Besuchserlaubnis zu Peter zu bekommen – immer vergeblich. Die Ermittlungen wurden in der Meineckestraße geführt, durch einen Mann namens Neuhaus, der, wie ich später hörte, ein gescheiterter evangelischer Theologiestudent war. Er sah mich beim ersten Vorsprechen an und erklärte: Sie haben doch alles gewußt. Ich antwortete, daß ich in Kauern gelebt und gearbeitet hätte und daß Peter von Natur aus viel zu verschwiegen gewesen sei, um über solche Dinge zu sprechen.

Der Prozeß vor dem Volksgerichtshof unter dem Vorsitz von Freisler fand am Montag und Dienstag, den 7. und 8. August 44 statt. Dävy war bereit, mich nach Berlin zu begleiten. Ein Freund hat uns bis nach Brieg gebracht, aber er hatte solche Angst, daß er mit der Frau dieses Mannes gesehen werden könnte, daß er uns am Stadtrand abgesetzt hat. Wir sind dann noch zum Bahnhof galoppiert. Der Zug fuhr nachts um zwölf; es war der einzige, von dem man wußte, daß er noch Platz hatte, die andern waren immer alle überfüllt. Dann sind wir nach Berlin gefahren und haben hier im Dol bei meiner Schwägerin Püzze Siemens gewohnt. In die Hortensienstraße konnte ich nicht, das Haus war beschlagnahmt. Später ist die Gestapo eingezogen. Aber damals wohnte noch niemand drin, es klebte nur ein Vögelchen auf dem Schloß. Am Montag früh ging ich also in den Volksgerichtshof, der damals noch im Kammergerichtsgebäude im Kleist-Park in der Potsdamerstraße tagte. Das Haus war mir aus meiner Referendarzeit wohl bekannt. Ich sprach dort mit einem Wachtmeister und sagte: Dieses Verfahren richtet sich auch gegen meinen Mann, er ist auch angeklagt. Ich würde sehr gerne zuhören und ihn sehen. Da guckte er mich an, schüttelte den Kopf und sagte: Das kann ich nicht, da kommt man nur mit ganz besonderer Erlaubnis rein. (Helmut Schmidt war übrigens als Beobachter zugelassen.)

Dann sagte der Wachtmeister: Aber hier können Sie sitzen, und nahm mich mit in die Wachtmeisterstube. Dort hörte ich immer nur diese entsetzliche Stimme von Freisler. Auf den Filmen hat man sie ja zurückgedrückt. Ich hörte aber damals nichts als diese gellende, böse Stimme. Er hat die Angeklagten in einem schneidenden Ton niedergebrüllt. Sie durften den Mund kaum aufmachen. Er wußte alles schon vorher. Ein paar Mal zwischendurch kam der Wachtmeister zu mir und sagte, daß Peter jetzt an der Reihe wäre.

Diese Wachtmeister haben mich da gelassen und keiner hat gesagt: Ihr Mann, dieser Verbrecher, was denken Sie sich überhaupt? Nie hat das einer gesagt. Im Gegenteil, ich spürte ihr Mitgefühl, das sie nicht ausdrücken durften. Als ich später nach meiner Verhaftung zwei SS-Leuten vorgeführt wurde, weil man mich für das Verbrecheralbum fotografieren wollte, fragte einer: Ihr Name? Ich antwortete: Yorck. Er schaute mich an und sagte: Bitte, nehmen Sie Platz, Frau Gräfin. Es gab also selbst hier die Möglichkeit der Respektbezeugung, die Peter galt.

Der Prozeß lief also, aber der Verteidiger meines Mannes, Bergmann, ein alter Mann, hat nicht *einmal* vorher mit Peter sprechen können. Er sagte in der Hauptverhandlung, um Milde und Gnade könne er nicht bitten. Das hat mir der Wachtmeister erzählt. Ein anderer Verteidiger von einem anderen Angeklagten soll zu Freisler gesagt haben: Geben Sie die verdiente Strafe. Die Verteidiger standen vor diesem Gericht, wenn es überhaupt so genannt werden konnte, vor einer unlösbaren Aufgabe.

Ich war also während des ganzen Prozesses nebenan im Wachtmeisterraum. Die Frauen anderer Angeklagter waren meist nicht in Berlin; sie waren evakuiert wegen ihrer Kinder und wegen der Bombenangriffe. Brigitte Gerstenmaier war in Mecklenburg bei einer Schwester von Eugen, Freya war in Kreisau, kam aber immer wieder nach Berlin, um zu Helmuth ins KZ zu fahren. Barbara Haeften war im Gefängnis; ihre Kinder lebten bei ihren Eltern in Mecklenburg. Clarita Trott war in Groß Behnitz bei unseren Freunden Borsig.

Manche Frauen waren überhaupt nicht orientiert. Die Männer schwiegen, um sie zu schützen. Sie mußten überhaupt sehr verschwiegen sein, und das war Peter sozusagen von Natur aus. Was er nicht sagen wollte, bekam man nicht aus ihm heraus. Mir hat nachher der Mann, der mich ins Gefängnis gebracht hat, gesagt: Hätten wir geahnt, daß Ihr Mann so viel wußte, dann hätten wir ihn nicht so schnell umgebracht. Auf diese Weise ist Peter wahrscheinlich die Folter erspart geblieben, weil die Gestapo ihn nur als Vetter von Claus Stauffenberg an dem Attentat beteiligt glaubte.

Nachdem am 8. August also das Urteil verkündet war, lief ich noch einmal zurück in die Hortensienstraße, und ich lief durch eine grelle Sonne durch Berlin, und das war das einzige Mal in meinem Leben, daß ich die Sonne verflucht habe. Ich ging in unser Haus, denn ich hatte ja noch den Schlüssel, und ging trotz des Vögelchens auf dem Schloß rein. Während Peter starb, war ich wohl in der Hortensienstraße; er ist um halb sieben gestorben. Ich habe jedenfalls bis um sieben Uhr dort gesessen. Ich wußte nicht, daß er stirbt. Ich habe an ihn gedacht und auch gebetet. Ich war ganz still.

Dann lief ich in den Dol, wo ich ja wohnte. Peters Schwestern Püzze und Dävy und ich schrieben jede noch einen Brief an Peter. Damit bin ich dann vom Dol zu Fuß bis zur Prinz-Albrecht-Straße gelaufen, kam dort am späten Abend an und wollte einem Wachmann von der Gestapo an der Pforte die Briefe übergeben. Ich sagte zu ihm: Ich möchte so gern, daß mein Mann diese Briefe noch liest, er ist heute zum Tode verurteilt worden, und ich weiß nicht, wie lange er noch leben wird. Und da sagte der Mann: Nehmen Sie sie nur wieder mit. Wir sind doch keine Unmenschen und vollstrecken abends Urteile. Aber da war Peter schon tot.

Daß Peter tot war, erfuhr ich von meiner Schwester Litta. Sie rief mich am nächsten Morgen an. Ich wollte sie noch fragen, ob mein Bruder Verbindungen zu Leuten aus dem Dritten Reich hätte, um zu hören, ob da nicht irgendeine Möglichkeit bestünde, aber da sagte meine Schwester: Weißt du, es ist zu spät, Peter ist tot.

Das Urteil wurde am 8. August um 18.30 Uhr vollstreckt. Ein Grab gab es nicht. Seine Asche wurde in die Winde verstreut.

VI

Ich sollte am nächsten Tag, am 9. August, einem Mittwoch, im Dol verhaftet werden. Eigentlich lag ein Verhaftungsbefehl in Kauern, aber weil ich dauernd unterwegs war, hatte man mich in Schlesien nicht bekommen. Nun, am Morgen des 9. August, waren ungefähr vier Gestapo-Männer in den Dol gekommen, um mich abzuholen. Ich war aber schon in der Frühe zu Pastor Lilje in die Hortensienstraße gegangen, um mit ihm zu sprechen. Ich hatte im Dol nicht gesagt, wohin ich gehen würde. Ich wußte es auch selbst noch gar nicht. Ich lief einfach los. Ich bin zu Lilje gegangen, er war damals noch frei, und wir haben so gut über Peter gesprochen! Er kannte ihn zwar kaum persönlich, aber ich erzählte, daß wir bei ihm ein Abendmahl erlebt hätten, worüber Peter noch in seinem letzten Brief schreibt. Lilje legte damals jedem, der beim Abendmahl niederkniete, die Hand auf den Kopf und gab ihm einen Spruch aus der Bibel. Peters Spruch lautete: »Fülle mich frühe mit deiner Gnade, so will ich dich preisen mein Leben lang.« Dieses Abendmahl muß Ende Mai oder Anfang Juni gewesen sein, und Peter schrieb in seinem Brief nachher: »Es war für mich fast wie ein Ruf.«

Lilje war damals Generalsekretär des Lutherischen Weltkonvents, auch Generalsekretär der deutschchristlichen Studentenvereinigung. Er hatte schon vor dem Krieg viele Auslandsreisen gemacht, nach Amerika und Indien; er war ein weltoffener, heiterer Mann, und die wichtigsten Persönlichkeiten der lutherischen Kirche im Ausland waren ihm bekannt oder mit ihm befreundet. Er war ein gottbegnadeter Prediger, bei dem die Predigt wirklich der Mittel- und Schwerpunkt des Gottesdienstes war. Er stellte seine Predigt immer hoch über das Tagesgeschehen, er hob uns aus der Verzweiflung über die Schrecken des Alltags hinaus. Er selbst bekam vom Volksgerichtshof später sieben Jahre Zuchthaus, wurde dann aber von den Amerikanern 1945 befreit. Später war er Landesbischof von Hannover und Abt von Loccum. Wir haben also über Peter gesprochen, und er hat dann für ihn in einer kleinen Kapelle der Kirche in der Hortensienstraße eine Andacht gehalten. Er tat das jeden Mittwoch nachmittag. Diesmal sprach er über das Losungswort des vorangegangenen Tages, 2. Timotheus, Kap. 4, Vers 7: »Ich habe einen guten Kampf gekämpft, ich habe den Lauf vollendet, ich habe Glauben gehalten.« Es waren viele Gläubige dort, Lilje hatte eine große Gemeinde. Niemand wußte, daß er für Peter und für mich sprach.

Während dieser ganzen Zeit hat die Gestapo das Haus im Dol bewacht. Sie blieben bis abends, und ich war immer noch nicht nach Hause gekommen. Schließlich gingen sie, und mein Schwager Siemens gab sein Wort, dafür zu sorgen, daß ich mich am nächsten Tag in der Meineckestraße melden würde. Ich habe gewußt, was das bedeutet. »Die Meineckestraße 10« war ein Gestapo-Quartier. Das Haus steht noch. Wenn man unten klingelte, dann öffnete sich ein Gitter und schloß sich hinter einem. Man ging die Treppe hoch bis zum ersten Stock, dann schloß sich wieder ein Gitter hinter einem. Man konnte also immer nur vorwärts, nicht zurück.

Ich habe dann eine Nacht in der Prinz-Albrecht-Straße zugebracht, dem Gestapo-Hauptquartier, und zwar vom 10. zum 11. August 44, in einer scheußlichen Zelle mit einer Tür in halber Höhe, so daß man prüfen konnte, ob der Gefangene stand oder ging oder auf dem Bett lag. Es war ein unheimliches Haus.

Am nächsten Tag kam ich nach Moabit ins Untersuchungsgefängnis. Da war ich dann fast drei Monate lang. Weißt du, für mich war es eines der wichtigsten Erlebnisse, daß ich jetzt nicht in den Schoß einer sehr warmherzigen Familie zurückkehren konnte. Ich wäre geliebt und verwöhnt worden und hätte viel über alles sprechen müssen. In Moabit aber erfuhr ich, was Stille heißt, und lebte wie in einer Mönchsklause. In dieser Zeit habe ich zunächst fast drei Wochen mit keinem Menschen gesprochen, bin nicht unten zum Umlauf in den Hof gebracht worden, hatte keine Arbeit und nichts zu lesen. So verschloß ich alles in mir. Da habe ich nachts mit einer Lebendigkeit geträumt, daß ich morgens den blaukarierten Strohsack auf dem Bett ansah und mich fragte: Ist *das* die Wirklichkeit oder der Traum? Da war Peter ganz nah und sprach mit mir. Ich habe meistens von Peter geträumt, aber sehr oft auch von meinem Vater. Einmal träumte ich, daß Peters Füße in einer Glut zuckten, und er hatte ein ganz entrücktes Aussehen. Nachher fand ich bei Hölderlin einen Vers, in dem es heißt, daß der Geist befreit wird, wenn der Körper an physischen Leiden zerbricht. Nur dann gelingt es, wenn der Mensch wirklich in äußerster Not ist. Das habe ich aber erst nach dem Gefängnis gelesen. In diesen Träumen sah Peter eigentlich immer glücklich aus. Einmal sagte er: Weißt du, es ist noch mal gutgegangen, aber es hat an einem seidenen Faden gehangen. Merkwürdigerweise entrückte er in den Träumen dann immer irgendwann. Und wenn ich versuchte, ihm zu folgen, schon wenn wir im Auto saßen, und ich wollte ihn angucken, dann merkte ich, wie er verschwand. Einer der letzten Träume war so, wie ich es später mal an der portugiesischen Küste gesehen habe: man sah Felsen und immer weiter Felsen, und plötzlich, ganz unverhofft, taucht er auf, und ich will auf ihn zulaufen und rufen, in dem Moment aber ist er fort. Immer wenn ich versuchte, ihn zu fassen, dann entglitt er. Ich durfte ihn nicht haben oder in seiner Nähe sein wollen.

In der Untersuchungshaft wurde ich nur ein einziges Mal verhört. Ich wurde abends vorgeführt. Es war ein kleiner Raum; wer mich verhört hat, weiß ich nicht. Ich habe alles abgestritten. Aber als ich in das Gefängnis kam, war ich eigentlich auch bereit zu sterben. Harald Poelchau, der Gefängnispfarrer, fragte mich auch bei seinem ersten Besuch: Weißt du auch, daß dies vielleicht dein letzter Aufenthaltsort auf dieser Welt ist? Ich sagte: Ich weiß.

Diese Zeit war eben deshalb so wichtig, weil ich so völlig vom Alltag, von der Familie, von den Freunden entfernt war. Du hast alles wie in einem Ofen in dir verschließen können: die Zweisamkeit mit Peter, alles, was mich getroffen hat, alles, was mich erhoben hat, alles, was ich erlebt habe. Ich war mit meinen Gedanken allein. Am ersten Tag lief ich natürlich wie ein gefangener Tiger in der Zelle herum, denn weil man sich nicht bewegen kann, möchte man am liebsten immer die Wände hoch wie die Tiere im Zoo. Aber das vergeht nachher. Man sitzt dann. Der Ausdruck »sitzen« stimmt genau.

Und am dritten Tag, oder nach einer Woche, jedenfalls

an einem Mittwoch, kam Harald Poelchau. Es öffnete sich plötzlich die Tür, und er steckte seinen Kopf herein. Und das war für mich wunderschön, denn ich hatte doch gedacht, sie wären alle tot! Und nun kam Harald und erzählte mir, daß er noch mit Peter ein Vaterunser gebetet hätte, und: Weißt du, sagte er zu mir, ich glaube, er ist aus dem Gefühl der Gotteskindschaft nicht herausgefallen. Auch berichtete er, daß Peter ihm noch gesagt hätte, von den Freunden sei nichts, kein Name verraten worden.

Poelchau war eigentlich Gefängnispfarrer in Tegel. Aber weil er zu allen Gefängnissen Zutritt hatte, ließ man ihn auch zu uns kommen. Darin war die Vorsteherin vom Gefängnis, der ich später bei ihrer Entnazifizierung geholfen habe, eine großartige Person. Denn Poelchau kam mit gewölbten Anzugtaschen, und darin steckten Kandiszucker und Mohrrüben, Honigsemmeln und ich weiß nicht was noch. So kam er jede Woche, und alles brachte er uns; auch Briefe, was ja streng verboten war. Oft gab es hinterher Kontrollen, und einmal dachte ich, um Gotteswillen, denn es war genau der Besuchstag vom Pfarrer, was passiert jetzt bloß. Denn man fraß das ja nicht so in sich rein, weil es so wenig zu essen gab, sondern man hob es auf, teilte es sich ein. Und da kam diese Kontrolle, und ich fürchtete für Harald. Aber wer auch immer kontrollierte: nichts kam heraus.

Harald Poelchau erscheint mir rückblickend wie eine Brücke zwischen dem Leben mit Peter und dem späteren in der Nachkriegszeit. Er war der erste, der mich im Gefängnis besuchte. Später war er hier in Berlin derjenige, der für alle Frauen und Witwen aus dem Widerstand mit Rat und Tat da war. Bei ihm und seiner Frau Dorothee lebten jahrelang die Töchter von Clarita Trott, als diese in Heidelberg Medizin studierte und die Kinder hier in die Schule gingen. Er hat, meine ich, das Leben und die Charaktere dieser Kinder mit geprägt. Er war ein Mann, der stets bereit war, etwas für andere zu tun, und Dorothee war genauso. Ihr Haus in Zehlendorf stand für alle offen. Sie hatten sehr viele nahe Freunde. Er war ein Mensch, der sich bemühte,

Marion Yorck um 1940 in Kleinöls

Oben: Schloß Kleinöls. *Unten:* Gutshof Kauern

Peter Yorck 1938

Oben: Hans Yorck, genannt Hannusch (zu Pferd), 1937. *Unten:* Irene Yorck, genannt Muto, um 1940

Peter Yorck 1939 vor Kriegsausbruch

Oben: Peter Yorck vor dem Volksgerichtshof, 7./8. August 1944. *Unten:* Die Hortensienstraße 50, Gartenansicht, mit Marion Yorck

Oben links: Maria Krause, genannt Mariechen, um 1974. *Oben rechts:* Marion Yorck um 1965 als Vorsitzende einer Großen Jugendstrafkammer. *Unten:* Ulrich Biel um 1975

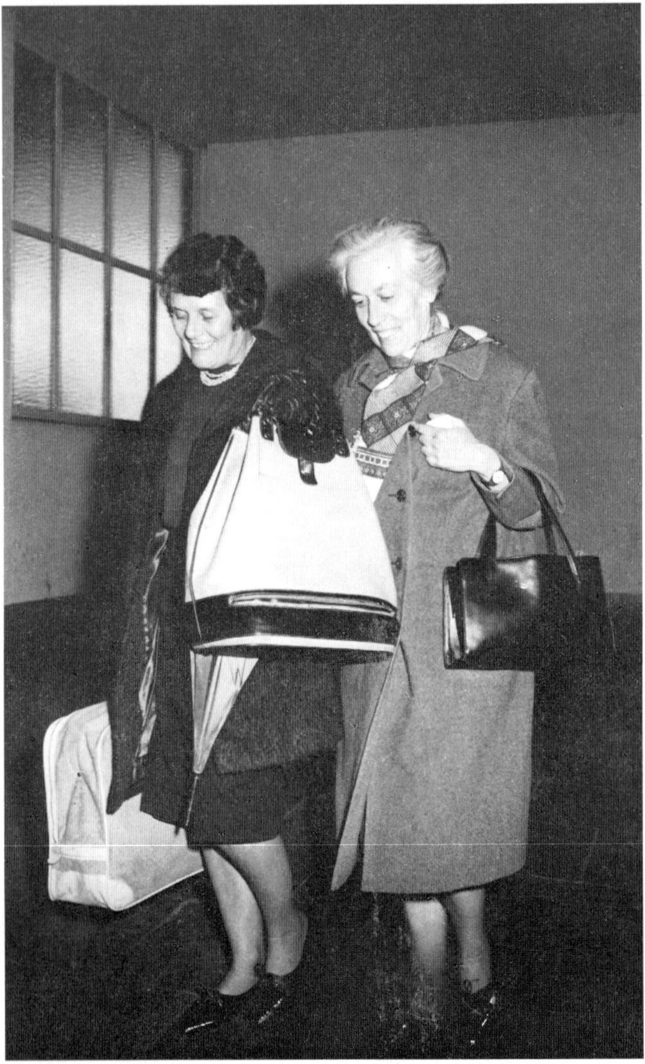

Marion Yorck und Freya Moltke um 1962 auf dem Flughafen Tempelhof

ein Christ zu sein, ohne es zur Schau zu stellen. Er hat mir einmal gesagt: im Christentum kommt es auf die Intention an, auf das Streben und Bemühen, aber nicht auf die Darstellung. Ich sehe das auch an meinem Schwager Siemens. Man würde ihn heute als Agnostiker bezeichnen. In meiner Erinnerung war er jemand, der ein wirklich gottgefälliges Leben ohne Kirche zu führen verstand. Harald Poelchau ahnte viel von den Widerstandsbewegungen, aber »die Freunde« haben ihn nicht hineingezogen, weil er andere Aufgaben hatte. Er hat viele Juden und andere Verfolgte versteckt; nicht bei sich, aber er wußte immer Adressen, wo er das tun konnte. Seine Hauptaufgabe war aber die Seelsorge der Gefangenen, oft bis zu deren Tod. Jahre später hat er die Aktion Sühnezeichen mit aufgebaut. Er ist dann auch viel gereist und wurde oft nach Israel eingeladen, immer mit seiner Frau. Man hat ihm seinen Einsatz gedankt. Die Gespräche, die Harald mit Peter und Helmuth vor dem Tod geführt hat, haben sicher auch die Abschiedsbriefe geprägt, jedenfalls den christlichen Ton. Er hat mir einmal gesagt: Man kann den Menschen, die vor der Vollstreckung ihres Urteils stehen und darauf warten müssen, noch immer am besten mit der Bibel helfen. So ist es ihm gelungen, sogar bei Menschen wie Theo Haubach, der sicher nichts vom Christentum wissen wollte, etwas auszurichten, und wie Helmuth Moltke, dessen Denken er in diese Richtung gelenkt hat. Schließlich war es auch Poelchau, der all diese Briefe unter Lebensgefahr aus dem Gefängnis geschmuggelt hat. Es brauchte ja bloß ein Nazi unter den Wachtmeistern zu sein, aber es ist gottseidank nichts passiert. Harald hat übrigens Helmuth Moltke jeden Tag im Gefängnis gesehen. Helmuth war nach seiner Verhaftung im Januar zunächst im KZ Ravensbrück. Erst nach Peters Tod kam er in ein Berliner Gefängnis. Peter war nach dem 20. Juli in vielen verschiedenen Gefängnissen oder KZs; die Gestapo fürchtete einen Befreiungsversuch. Er war in Sachsenhausen, in Ravensbrück, in Berlin, fast jede Nacht woanders.

Und dann kam die große Überraschung. Eines Tages, als ich zum ersten Mal zum Umlauf auf den Hof geführt wurde, sah ich in der Zelle neben mir Bärbel Haeften, die Schwester von Klaus Curtius, mit dem ich zwanzig Jahre früher studiert hatte. Sie saß da mit untergeschlagenen Beinen auf ihrer Pritsche und nähte. Wir waren beide sehr erstaunt und glücklich über unsere Nähe! Aber wir zeigten es nicht, aus Angst, daß man uns wieder trennen könnte. Bärbel war vor mir verhaftet worden, trotz ihrer fünf Kinder und obwohl sie erst am 19. Mai ihre jüngste Tochter zur Welt gebracht hatte. Zur Zeit der Verhaftung nährte sie Ulrike noch, und trotzdem hat man sie verhaftet und von ihrem Kind getrennt. Bärbel war zunächst verzweifelt, obwohl sie ein wirklich frommer Mensch ist. Sie hat auch heute noch eine erstaunliche Geborgenheit in ihrem Glauben. Und jetzt sahen wir uns also und konnten, wenn auch ohne Worte, miteinander reden. Wir fanden nämlich eine sehr schöne Art, uns zu verständigen und miteinander zu sein. Die Vorsteherin des Gefängnisses hatte uns mit Genehmigung der Gestapo ein Gesangbuch und ein Neues Testament gegeben. Bärbel kannte natürlich alle Lieder viel besser als ich. Und jeden Abend, eins, zwei, drei, vier, klopfte sie mit ihrem Trauring an die Rohrleitung, welche Nummer aus dem Gesangbuch wir singen wollten. Und dann haben wir laut gesungen. Die Mauern in Moabit sind ungeheuer dicht. Man hörte nicht mal, wenn einer ans Fenster ging und schrie. Aber man wußte, daß der andere da sang. Nachher hat sie auch immer geklopft, welchen Psalm wir lesen wollten, und so konnten wir uns wunderbar verständigen, ohne daß irgendein Mensch das im Gefängnis gemerkt hat. Das System mit dem Klopfen hat uns Harald Poelchau beigebracht.

Im Gefängnis waren auch zwangsverpflichtete, wegen Arbeitsverweigerung verhaftete Französinnen, sehr lustige Mädchen. Ich hörte sie abends auf dem Hof laut die Marseillaise singen; tagsüber machten sie sich immer wieder andere Frisuren, so daß die Wachtmeisterinnen staunend davor standen. Schließlich wurden sie aber auch böse, weil sie nie die richtige Person herausfinden konnten. Wir riefen uns bonjour oder bonne nuit quer über den Hof zu, wenn wir im Umlauf waren.

Später bekam ich Socken zum Stopfen; feldgraue Socken, die mit schlechter Seife gewaschen und völlig hart waren und riesengroße Löcher hatten. Bärbel Haeften konnte Maschine nähen, und sie durfte alte Bettlaken und Hemden flicken. Aber unser ganzes Glück war es immer, wenn Harald Poelchau kam. Er hat weit über seine Kraft gelebt und ist 1972 gestorben. Für uns hat er immer dieses Leuchten gehabt, wenn er kam; auch viel später noch. Ich habe bis 1950 jedes Silvester mit ihm und Muto gefeiert.

Dann kamen die Luftangriffe, und da unsereins nicht »rettenswert« war, wie man das damals nannte, wurden oft die Frauen aus dem Verschwörerkreis zusammen in den dritten Stock verlegt. Da konnten wir das Lichtspektakel der bevorstehenden Angriffe sehen; wann die Engländer und wann die Amerikaner anflogen. Vor allem aber konnten wir miteinander sprechen. Das war unglaublich schön. Die Gestapo wollte uns mit dieser Verlegung natürlich Angst machen, aber das gelang ihr nicht. Wir lebten eben noch nicht wieder mit den Füßen auf der Erde. Es wurde auch nach meiner Entlassung aus dem Gefängnis schwierig. Natürlich war es herrlich, daß man wieder frische Luft und frei atmen konnte, und zwar buchstäblich, denn die Luft im Gefängnis riecht unangenehm, immer nach Essen und Klo zugleich. Das ist in jedem Gefängnis so, ich habe es später als Richterin bestätigt gefunden.

Als Richterin kam ich auch einmal zu einem Lokaltermin nach Moabit und begegnete einer Wachtmeisterin von damals, die sagte zu mir: Ach, was waren das für Zeiten, als die Damen noch alle bei uns waren! Diese Frauen haben gemerkt, daß wir andere Frauen als sonst dort üblich waren, wenn ich mich auch nie als »Dame« betrachtet habe. Jedenfalls, diese Wachtmeister-Damen waren damals sehr oft schlechter Laune. Ich konnte durch ein kleines Guckloch in eine Art Frühstückskammer sehen, und wenn ich sie so reden hörte, dachte ich immer, wer ist nun eigentlich in der Freiheit, sie oder ich in meiner Zelle? Ich habe die Erfahrung gemacht, daß man die wirkliche, die lebendige innere Freiheit am stärksten erlebt, wenn die äußere verloren gegangen ist. Nur dann. Dann merkst du, was sie für ein Geschenk ist.

Unsere Aufseherinnen wechselten ununterbrochen. Da dachten wir dann doch, muß denn das sein. Man fürchtete wohl, es könnten menschliche Beziehungen entstehen. Immer wieder kam eine andere und kontrollierte, wie wir die Betten gebaut hatten, und jede hatte eine andere Methode. Viele rissen erst mal das schön gebaute Bett wieder auseinander und sagten so ungefähr: Da, bau es wieder neu, so geht das nicht. Das war ein bißchen schikanös, aber es störte uns nicht. So waren wir jedenfalls beschäftigt.

Unsere Vorsteherin war eine merkwürdige Person, eine nachdenkliche Frau. Sie kam öfters zu mir, sie hatte eine Sympathie zu mir gefaßt. Sie erzählte mir später, ich hätte mit meinen langen Haaren ausgesehen wie eine Partisanin aus Jugoslawien. Eines Tages kam sie zu mir und erzählte mir von Mädy Freytag-Loringhoven. Deren Mann war Oberst in der Wolfsschanze, und als das Attentat mißlang, hat er sich erschossen. Sie lebte in Salzburg, war wohl auch Österreicherin, hatte vier Kinder, war von der Gestapo in Salzburg abgeholt und in Berlin ins Gefängnis gebracht worden. Sie hatte von nichts eine Ahnung. Und nun erzählte mir die Vorsteherin, es sei so schlimm mit ihr, daß man sie nach Buch tun müsse, eine, wie man damals sagte, Irrenanstalt im heutigen Ost-Berlin. Sie sei an der Grenze des Verrücktwerdens. Sie tobte in ihrer Zelle, und man wußte nicht, was mit ihr tun. Die Vorsteherin hatte nun sich die Erlaubnis geholt, mich, bevor sie die Frau nach Buch brachte, zu fragen, ob ich sie in meine Zelle nehmen wolle, um ihr zu helfen. Das war ein menschliches Gefühl. Ich bekam zunächst einen Schreck und dachte an meine wunderbare Einsamkeit und Stille und sagte: Das weiß ich aber nicht, ob ich das schaffe, ich kenne sie überhaupt nicht. Da sagte sie: Wissen Sie was, schlafen Sie eine Nacht drüber, und morgen früh komm ich wieder. Aber schon am Abend dachte ich, da redet man immer von Christentum und Nächstenliebe, und hier ist mal ein Fall, ganz konkret, da kann man doch nicht sagen, meine Einsamkeit ist mir lieber als eine verstörte Frau. Und am nächsten Tag kam die Vorsteherin wieder, und ich sagte: sie soll kommen. Sie kam auch sofort, fiel mir um den Hals, küßte mich, war völlig außer sich vor Glück und fragte, wer ich wäre, und redete pausenlos. Nach ungefähr zwei oder drei Stunden sagte ich zu ihr: Weißt du, jetzt werden wir eine Abmachung treffen. Zwei Stunden reden, drei Stunden still sein. Immer abwechselnd. Aber die erste Nacht war nicht schön und sehr unruhig, weil sie nicht schlafen konnte. Ich sah sie auf diesem harten Lager unter dem Fenster und spürte ihre ruhelosen Bewegungen. So konnte ich auch nicht schlafen, und die Unruhe dieses Menschen brachte die Zelle fast zum Platzen. Am nächsten Tag habe ich mit Beschäftigungstherapie angefangen. Wir hatten nämlich Wanzen. Und ich habe ihr gesagt: Weißt du was, wir werden die Zelle jeden zweiten Tag ganz auswischen, dann bringen wir vielleicht die Wanzen heraus. Die Wachtmeisterin war damit einverstanden. Sie brachte uns einen Eimer, und Mädy Freytag-Loringhoven war ganz begeistert, daß sie sich bewegen und etwas tun konnte. Es war alles zuviel für sie, vor allem auch wegen ihrer vier Kinder. Die Familie war auseinandergerissen, und das konnte sie nicht verkraften. Aber diese Bewegung jetzt, dieses Sprechendürfen taten ihr sehr gut. Ich habe ihr dann erklärt, was es mit dem 20. Juli auf sich hatte, denn sie hatte keine Ahnung. Sie wußte nur von einem mißlungenen Attentat, aber alles andere wußte sie nicht. Sie interessierte sich auch nicht für Politik. Man hat ihr erst später gesagt, daß ihr Mann tot war. Auch ihr Mann hatte ihr nie etwas von dem gesagt, was er tat. Aber vielleicht war das in so einem Fall auch richtig. Denn wenn eine Frau mit vier Kindern in solche Gefährdungen hineingerissen wird, ohne daß sie selbst etwas tun kann, und dann gleichzeitig ihre Harmlosigkeit und Unbeschwertheit den Kindern gegenüber bewahren soll, ist das ja fast unmöglich. Sie war übrigens eine sehr hübsche und elegante Frau und trug auffallend feine Unterwäsche. Wenn sie ihr Kleid auszog und die Zelle wischte oder ihre Wäsche wusch, dann guckten die Wachtmeisterinnen immer mit großen Augen zu. Wir hatten ja nur dieses eine Kleid, wir hatten keine Koffer und nichts, und die Wäsche wusch man und legte sie dann nachts zum Trocknen unter sich. Ich glaube, wir hatten sonst als Anstaltskleidung nur Schürzen, graue Säcke über unseren Kleidern, an.

Mädy Freytag-Loringhoven ist früher entlassen worden als ich. Dann wurde ich verlegt. Die Vorsteherin wollte mir etwas Gutes tun und mich in eine Zelle legen, in die Sonne schien. In den Zellen im ersten Stock, wo ich bisher war, gab es am Fensterbrett außen einen schräggestellten Blechstreifen, so daß man nicht auf den Hof sehen konnte. Ich konnte aus dem Fenster nur die Krone einer kleinen Birke sehen, sonst nichts, und es kam kein Strahl Sonne rein. Deshalb hatte die Vorsteherin beschlossen, mich in eine sonnige Zelle zu stecken, und brachte mich im dritten Stock neben dem Lazarett unter. Sie wollte wohl auch, daß man mir ab und zu etwas mehr zu essen gab, denn ich war recht abgemagert. Aber ich war in der neuen Zelle ganz verzweifelt. Ich war wie ein Hund, dem man eine neue Hütte schenkt, und saß auf der Ecke von meiner Pritsche und dachte, also, hier will ich nicht wieder Wurzeln schlagen. In der alten Zelle war ich schließlich ganz zu Hause gewesen, man hatte sein Schränkchen und wußte genau, was man sehen konnte, und Bärbel war nebenan. Das war alles plötzlich weg. Hier war ich ganz fremd.

Annedore Leber und Clarita Trott haben damals auch im Gefängnis gesessen, aber ich wußte das nicht. Freya Moltke und Romai Reichwein sind nie eingesperrt worden; warum, weiß ich nicht. Schließlich, nach drei Monaten, bin ich entlassen worden. Und Neuhaus, der als Gestapo-Mann sämtliche Vernehmungen im Zusammenhang mit dem Attentat geleitet hat, befahl mir bei der Entlassung: Nicht nach Schlesien gehen, nicht Trauer tragen, nicht die Witwe spielen und kein Wort mit andern Menschen darüber reden. Das waren die Auflagen.

Ich habe natürlich ja gesagt und bin in den Dol zu meiner Schwägerin Siemens gegangen. Später hat mich mein Schwager mit dreihundert Mark ausgestattet, und dann bin ich sofort nach Schlesien gefahren.

Peters Vermögen war im Urteil eingezogen worden, so daß ich gar kein Geld hatte und hier in Berlin auch kein Zuhause mehr; in der Hortensienstraße saß nun die Gestapo. Trotz des Verbotes bin ich also sofort nach Schlesien gefahren. Ich dachte, ich muß nach Kauern. Ich wollte zuerst zu Peters Mutter nach Kleinöls. Dann habe ich mir ein Pferd geholt und bin in einem kleinen Wagen über Land nach Kauern gefahren. Dort fuhr ich bei der andern Hofseite, sozusagen durch die Hintertür herein, damit meine Ankunft nicht gleich zu viel Aufsehen erregte. Da kam der Stellmeister, eigentlich ein Kommunist, jedenfalls ein Klassenkämpfer, und der einzige, dem Hannusch und Peter nie so ganz getraut hatten. Und siehe da, er kam über den Hof gelaufen und sagte: Guten Tag, Frau Gräfin, darf ich das Pferd halten? Ich sagte: Danke. Und nachher kamen dann auch alle Arbeiter, um mir zu sagen, wie sehr sie Peter verehrt hätten. Am mitfühlendsten aber waren die Polen, die polnischen Frauen. Sie haben nichts gesagt, aber mich immer wieder umarmt und mir die Hand geküßt. Ich rief dann alle Leute zusammen und sagte noch einmal zu ihnen, daß sie ja wüßten, was geschehen sei, und daß ich davon überzeugt wäre, daß mein Mann als anständiger Mensch seinem Gewissen gefolgt sei.

Sie haben das auch verstanden, und es ist mir nicht übelgenommen worden; verpfiffen hat mich keiner. Man hätte mich ja wieder einsperren können. Das Gut wurde in der Zeit von unserem Inspektor verwaltet. Peters Mutter war inzwischen auch wieder zu Hause; sie war zwei Monate in Haft gewesen.

Nun hatte mir ein Gestapo-Mann erzählt, daß es einen langen Brief von Peter für mich gäbe. Mehrfach habe ich bei der Gestapo versucht, diesen Brief zu bekommen. Ich war deshalb bei vier verschiedenen Dienststellen in Berlin. Das vierte Mal kam ich von Schlesien nach Berlin, im April 1945, weil ich von einem SS-Gruppenführer in das Hotel Kaiserhof am Wilhelmplatz vorgeladen war. Er bot mir eine Pension an. Ich erwiderte, mein Mann sei nicht dafür gestorben, daß ich eine Witwen-Pension bekäme. Er überlegte eine kurze Weile, dann sagte er: Wollen Sie seinen Brief haben? Endlich bekam ich ihn, und mit diesem Schatz bin ich nach Schlesien zurückgefahren. Ich habe ihn dann in ein Leinensäckchen genäht und bei allen Wanderungen nach und durch Schlesien auf mir getragen. Er ist auf Kriegspapier geschrieben, das jetzt fast ganz zerfallen ist; die Schrift ist kaum mehr zu entziffern.

Zum Kriegsende konnten wir nicht mehr in Kleinöls bleiben. Die Front kam näher. Wir zogen zu Freya Moltke nach Kreisau ins Berghaus. Das Berghaus spielte eine große Rolle in der Familie Moltke. Es war nicht das Schloß. Im Schloß wohnten damals viele Flüchtlinge von überall her, auch Freunde wie die Familie Reichwein. Es ist jetzt ziemlich verwahrlost, die Polen lassen es zerfallen. Das Berghaus oben war ein entzückendes Haus mit tiefen Wänden und ausgebauten engen Mansarden. Dort lebte Helmuth mit seiner Familie seit langem. Es war ein harmonisches Landleben mit großem Garten und einem alten Inspektor.

Wir wurden damals nicht evakuiert, weil unser Leben wieder nicht »rettenswert« war. So blieben wir im Berghaus, obgleich einige deutsche Soldaten, die auf der Flucht waren, sagten: Tut das nicht, die Russen sind völlig unberechenbar. Aber wir dachten, irgendwann müssen wir uns ihnen stellen, und ich weiß noch, daß wir nun immer warteten. Eines Tages schließlich kam Freya gerannt und sagte: Ich habe die ersten Russen gesehen. Sie hatte einen ganzen

Trupp über die Felder laufen sehen, das muß nach »Führers Geburtstag«, also Ende April 45 gewesen sein.

Noch bevor die Russen kamen, also Mitte April, wollte ich einmal zu unseren Leuten aus Kauern in die Tschechoslowakei fahren, wohin man sie evakuiert hatte. Mit der Eisenbahn ging das nicht, aber wir hatten Fahrräder, und damit sind meine Schwägerin Muto und ich durch das Glatzer Bergland bis in die Gegend von Köngiggrätz geradelt und wurden von den Tschechen sehr gastfreundlich aufgenommen. Diese Bauern kannten keinen Hunger. Sie wußten inzwischen alle von Peters Schicksal, und die Kauernschen Leute, die man dorthin verteilt hatte, waren so beliebt, daß man sie noch bis Ende 46 behalten hat, weil sie so besonders gute Feldarbeit leisteten. Die Tschechen dagegen hatten eine wunderbare Kleinvieh-Zucht; ich habe nie eine Gans wie dort gesehen, mit sechzehn kleinen Gänseln! Bei uns in Kauern hatten sie vielleicht sechs.

Andererseits hatten die Tschechen zwar gepflegte Obstbäume, aber die Felder waren voller Unkraut, und das haben unsere Leute weggebracht, wodurch sie Ansehen gewannen und gut behandelt wurden. Als Muto und ich ganz überraschend kamen, war eine solche Freude unter ihnen! Und wir wurden jeden Tag regelrecht geatzt.

Ich konnte leider damals nicht alles essen, weil ich gleich nach meiner Entlassung aus dem Gefängnis eine schwere Gelbsucht bekommen hatte. Sie hat Monate gedauert, ich war schließlich am ganzen Körper marmoriert, so daß ich vor mir selber Abscheu bekam. Das war wohl eine physische Reaktion auf alles Vorangegangene. Damals hat mich meine Schwägerin Dorothee in Kleinöls rührend gepflegt. Ich durfte vor allem kein Fett essen, also sicher keine fette Gans, wie sie uns hier die Tschechen anboten! Am besten war es zu hungern. Jedenfalls habe ich im April 45 mit den drei Bürgermeistern der tschechischen Dörfer ernsthaft geredet, und sie haben mir in die Hand versprochen, daß sie für unsere Leute aus Kauern gut sorgen wollten, daß sie nicht gequält und nicht verjagt würden. Sie sind dann auch, bis eine Unterkunft für sie in der Ostzone gefunden war, dort geblieben und haben gearbeitet.

Schließlich sind wir nach Kreisau zurückgeradelt und haben dort vielleicht zwei Wochen später den ersten Russen gesehen. Es war ein Sibirjake, ein großer, starker Kerl, der im Handumdrehen mit einer Stecknadel, die er in seiner Tasche hatte, unsere letzten fünfzehn Eier aufpiekte, auslutschte, und weg war das Ei. Er sprach gut deutsch und erklärte, rohe Eier wären für Männer das Beste.

Wir fragten ihn auch: Was wird denn aus Schlesien? Da sagte der Sibirjake: Das hat Stalin den Polen geschenkt. Das hatten wir allerdings schon lange geahnt.

Nun waren wir in Kreisau drei ganz stattliche Frauen. Freya sah sehr gut aus, ich war damals auch wieder ganz ansehnlich und Muto sowieso; und nun waren wir drei Frauen ohne Männer, was die Russen sehr irritierte. Wo sind eure Männer, fragten sie. Partisani? Sie dachten immer, unsere Männer müßten irgendwo draußen auf den Kartoffelfeldern versteckt sein, denn es war inzwischen Anfang Mai, und die Frühkartoffeln standen auch schon ein wenig höher. Aber sie fanden keine Männer.

Es war nicht ganz einfach für uns. Sie nahmen einfach alles weg, was sie schön fanden: Radios, Uhren und so weiter. Und eine Zeitlang, zwei oder drei Wochen, waren wohl auch die Frauen sozusagen als Freiwild freigegeben. Wir mußten uns vor ihnen verstecken, vor allem nachts. Oft mußten wir nachts auf den Friedhof springen, denn dahin wagten sie sich nicht. Und so sind wir verschont geblieben. Wir haben uns manchmal tagelang in den Scheunen von Bauern, die weiter unten wohnten, versteckt. Freya hat unter Migräne gelitten und Läuse gehabt. Aber wir hatten immer nur ein paar Tage Ruhe, denn dann waren schon wieder die Bauern gefährdet.

Wenn die Russen etwas von uns wollten, und sie wollten alles mögliche, dann nannten sie das »zapzarap« –, das hieß *nehmen*, irgendwas Schönes *nehmen*. Das hat ein bißchen die Bedeutung von unserem »klauen«, ist aber nicht so ernst gemeint. Aber weg war die Sache dann natürlich. Wenn wir auf unseren Fahrten zum Beispiel mit einem Russen fuhren und hatten eine Jacke an und trugen noch eine Decke überm Arm, dann fand manchmal ein Russe, das sei zuviel und nahm eins von beiden weg. Aber man wußte, daß er es wahrscheinlich jemand anders schenkte, von dem er glaubte, er hätte keine Jacke oder Decke. Sie teilten alles miteinander. Ich habe nie erlebt, daß ein Russe aß, wenn andere in seiner Gegenwart waren, die nicht zu essen hatten.

Im Frühsommer 45 sind dann Muto und ich in einem Kohlenzug von Glatz nach Berlin gefahren und in die Hortensienstraße gegangen. Von dort kehrten wir mehrmals nach Schlesien zurück. Wir gingen immer schwarz über die Neiße. Einmal liefen wir nach Kauern und wollten sehen, wie es dort zuging. Es war Anfang Juni 1945. In den Dörfern war noch kaum etwas aufgeräumt. Tote habe ich dort nicht gesehen, aber viel totes Vieh, von Fliegen übersät. Auch unsere wunderschöne weiße Scheunenwand in Kauern war ganz schwarz von Fliegen, weil so viel verwestes Vieh herumlag. Unser Haus sah schlimm aus. Die Deutschen hatten zunächst ein Lazarett hineingelegt, viele einfache Holzbetten standen noch herum, unsere Möbel waren fort. Nur Fetzen von einem schönen Teppich, der noch von meinen Großeltern stammte, lagen noch auf dem Misthaufen. Im letzten Dorf vor Kauern trafen wir dann Pjotr wieder, den Peter damals vor dem KZ bewahrt hatte. Und Pjotr ist dann eigentlich die ganze Zeit danach bei uns geblieben und hat uns viel geholfen.

In Kauern wohnten wir bei dem alten Bauern Karbstein, der hatte sein Haus nicht mit den andern verlassen wollen. Immer wieder kamen Russen hierher, Tataren, die sich von ihrer Truppe gelöst hatten, irgendwo ein paar Kühe gefunden hatten und dann herrenlos durchs Land vagabundierten. Das waren ganz merkwürdige Menschen, und nicht ungefährlich, vor allem wenn sie Alkohol getrunken hatten. Wir haben einmal sicher drei Wochen mit Tataren gelebt, die Mohammedaner waren und beteten. Muto und ich hatten ein russisches Lexikon; damit konnten wir uns ein bißchen verständigen. Aber es nutzte nicht immer. Beim Bauern Karbstein stand zum Beispiel ein Klavier; dahinein hatten wir unsere einzige Uhr gelegt. Der eine Tatar hatte nun schon fünf Uhren und spielte sehr gerne Klavier und sang schöne Lieder dazu. Plötzlich wurden seine Augen groß: er hatte die Uhr entdeckt. Ich sagte: Du hast doch schon fünf, und wir haben keine. Aber er war selig, daß er nun die sechste erobern konnte.

Wie Muto und ich jeweils nach Schlesien gekommen sind, weiß ich nicht mehr genau. Ich entsinne mich an Fahrten auf gefüllten offenen Kohlewaggons bei strömendem Regen, auf stundenlanges Warten auf Bahnhöfen, auf kleine Strecken, die man mit dem Zug oder russischen Lastwagen zurücklegen konnte, wo man schnell und entschlossen ja oder nein sagen mußte, wenn sie fragten, ob man mitkommen wollte oder nicht. Ungefährlich waren diese Fahrten nicht. Sie waren sogar sehr unsicher. Ich weiß noch, daß polnische Marodeure manchmal von den Brücken in die offenen Güter-Waggons der Züge heruntersprangen, die ja ganz langsam fuhren. Sie sprangen einfach auf und warfen alles, was die ordentlichen Deutschen mitgenommen hatten, vom Zug, und an der nächstbesten Stelle sprangen sie ab und sammelten ihre Beute längs der Gleise zusammen. Man konnte seine Sachen nur dadurch schützen, daß man sich auf sie setzte; man konnte buchstäblich nur so viel mitnehmen, wie man »besitzen« konnte.

Manchmal sind wir auch mit einem russischen Lastwagen bis zum nächsten Ort gefahren und dann ausgestiegen.

Warum wir so oft über die Neiße gegangen sind und die Leute in Schlesien besucht haben? Ich will dir sagen, es waren eben noch viele Deutsche dort. Sie waren so glücklich, wenn man ihnen sagte, wir kommen wieder! Für diese Menschen waren wir ungemein wichtig. Und für uns war es ein langer Abschied, und ein wunderschöner, tief in meinem Gedächtnis verankert. Wir hatten zwar keine Ausweise, nur einen Zettel von der russischen Kommandantur hier in Berlin, darauf stand auf russisch, daß Peter durch die Nazis ums Leben gekommen war und daß man mir helfen sollte. Das war natürlich sehr nützlich für uns.

Diese Zeit war eigentlich einer meiner schönsten Lebensabschnitte wegen der vollkommenen Ungebundenheit. Man hatte keinerlei Verpflichtungen, kein Zuhause, keinen Mann, keine Kinder, keinen Ausweis, kein Geld; nur einen Rucksack, in dem noch ein Paar Strümpfe waren oder ein wenig Essen in Dosen, die uns der amerikanische Oberst Hohenthal in Berlin gegeben hatte und als Tauschwährung dazu Zigaretten. Es war ein aufregendes, wildes und ganz unmittelbares Leben in der Natur und Freiheit.

Wir sind Hunderte von Kilometern durch dieses schöne Land gelaufen, bei Wind und Wetter. Das endete dann im Januar 46 im Gefängnis, weil die Polen dachten, warum kommen denn diese Frauen wieder, da muß doch irgend etwas dahinterstecken, suchen sie Gold oder andere Kostbarkeiten? Sie konnten sich nicht vorstellen, daß man freiwillig von Berlin nach Schlesien kam. Aber bei allen Deutschen, die noch da waren, haben wir immer den besten Empfang gehabt. Die Frauen machten meist sofort heißes Wasser und kochten einen Malzkaffee. Sie gaben uns ihr Bett und waren so glücklich, daß Menschen aus dem Reich kamen, denn sie waren ja von allem abgeschnitten, hatten kein Telefon, keine Post, keine Zeitung, kein Radio und wußten nichts.

Unsere letzte Fahrt nach Schlesien verlief so: Wir hatten Weihnachten 1945 in der Hortensienstraße gefeiert, die wir wieder bewohnten, Freya, Muto und ich. Wir hatten ein Weihnachtsbäumchen geschenkt bekommen, und es war sehr gemütlich. Denn Maria, das geliebte Mariechen, war endlich nach langer Trennung wieder zurückgekommen.

Wir hatten zum erstenmal wieder bezogene Betten und Servietten, aber mich beunruhigte dieser ganz ungewohnte Komfort, denn ich fand, das Leben war noch nicht so weit normalisiert, daß man schon wieder so leben könnte. Auch wollten wir gleich Anfang Januar wieder nach Schlesien gehen, weil wir dort mit verschiedenen Menschen verabredet waren. Das taten wir auch. Wir fuhren am 3. Januar 1946 nach Görlitz zusammen mit Pfarrer Zinke, der früher Leiter der Caritas in Breslau war und seinerseits in einem Kloster bei Görlitz übernachten wollte. Als wir uns voneinander verabschiedeten, sagte er: Auf Wiedersehen, hüben oder drüben! Und dann gingen wir nach Kreisau, wo wir ein Standquartier bei einer jungen Polin hatten, die uns immer das Gefühl gab, daß wir nach Hause kämen. Dieses Mal merkten wir allerdings sofort, daß wir von polnischen Milizen beobachtet wurden. Schon am nächsten Morgen hielt ein Auto vor der Tür, und wir wurden zu einer »Vernehmung« geholt. Wir wurden nach Schweidnitz gebracht, und da blieben wir dann drei Wochen im Gefängnis. Es war eine hotelartige Bleibe, wir schliefen in einem Zimmer mit immerhin zwei Betten und hatten stundenlange Verhöre. Immer getrennt, durch einen Polen, der deutsch verstand, aber die Protokolle, die er anfertigte, auf polnisch abfaßte. Wir erhielten nachher diese seitenlangen Protokolle, und ich wurde aufgefordert, sie zu unterschreiben, ohne eine Ahnung zu haben, was darin stand.

Diese Verhöre fanden zu verschiedenen Zeiten statt. Oft am Tage, meistens abends, sehr oft in der Nacht. Der polnische Milizer verhörte uns in einer kleinen Stube. Ein Protokollführer saß dabei, und eine scharfe Lampe leuchtete uns ins Gesicht, so daß wir die beiden Männer nur undeutlich erkennen konnten. Der Milizer trug einen schwarzen Wachstuchmantel und hatte eine Flasche am Stuhlbein stehen. Er war nicht unfreundlich, das kann ich nicht sagen, in keiner Weise grob oder scharf. Wir mußten ihm aber im Ton epischer Breite erzählen, wo wir in Berlin wohnten. Das interessierte ihn vor allem. Als er hörte, daß die Hortensienstraße im amerikanischen Sektor war, war er baß erstaunt, daß wir freiwillig nach Schlesien gekommen waren, und kam zu der Auffassung, wir müßten irgendwo einen Goldbarren versteckt haben, nach dem wir suchten. Deshalb die Verhöre. Natürlich mußten wir dauernd ableugnen, daß wir irgendwelche Beziehungen zu den Amerikanern hätten, daß wir überhaupt einen Amerikaner kannten, was natürlich nicht stimmte. Selbst der Zettel, den mir die Russen über Peters Schicksal ausgestellt hatten, war für den Polen kein Anlaß, uns freizugeben. Wir waren irgendwie eine Beute, mit der man noch operieren konnte. Wie, das wußte er noch nicht. Er hoffte, es würden sich irgendwelche Menschen melden, um ihm etwas im Austausch anzubieten. Es war eine klassische Geiselnahme. Als die Verhöre nach vielen Tagen mit tausend Wiederholungen zu Ende waren, da sagte dieser Mann: Wenn ich irgendwie kann, gehe ich sofort nach Amerika. Das war eine wirklich erstaunliche Volte für jemanden, der sich doch eher kommunistisch gebärdet hatte!

Aber wir durften noch immer nicht fort, wir mußten in unserem Zimmer bleiben. Gottseidank haben Muto und ich uns wunderbar verstanden. Es wurde uns gar nicht langweilig, es gab sogar Bücher. Aber eines Tages transportierte man uns nach Breslau, warum, weiß ich nicht. Das war dann nicht mehr so schön, denn wir kamen ins Untersuchungsgefängnis in eine Zelle, die eigentlich nur für eine Person bestimmt war, aber es waren schon drei Frauen drin, und es gab nur ein Bett. Da waren wir wochenlang. Und dort mußte man auch arbeiten. Wir wurden nachts geholt und mußten die Zellen anderer Gefangener putzen. Ich entsinne mich vor allem an eine Nacht, in der wir die Zellen von Russen säubern mußten. Ich glaube, es waren Deserteure. Ich sehe jedenfalls noch einen Mann in seiner Zelle vor mir: er hatte sich eine Ecke notdürftig als Klo eingerichtet und den Sack, mit dem er sich zudecken sollte, aufgeschlitzt und war hineingekrochen, weil er fror, denn es war um diese Zeit sehr kalt. Wir froren auch. Jedenfalls sah er aus wie Papageno, voller Stroh und Federn, guckte mich ganz erstaunt an und sagte: Du Deutsche? Und ich sagte: Ja, und er antwortete: Schön. Und da dachte ich, gottseidank, da hat mal einer gute Erfahrungen mit Deutschen gemacht. Ich fing an, seine Zelle zu säubern, und er guckte zu und erzählte mir irgendwas von Leipzig, wo er gearbeitet hätte. Offenbar war er also russischer Kriegsgefangener gewesen.

Für uns war es ziemlich schwierig, diese Zellen zu säubern, denn wir hatten keinerlei Geräte, außer einem Stückchen Holz und unseren Händen. Die polnischen Wachleute guckten uns zu und dachten, ob sie das wohl schaffen? Ich habe jedenfalls, immer in Gedanken an diesen Mann, von dem man ja gar nicht wußte, ob er mit dem Leben davonkommen würde, die Zelle gut gesäubert. Nach zwei Stunden – es waren noch andere Zellen dabei – sagten die Polen: Jetzt könnt ihr Wasser haben. Aber sie sagten das nur aus Respekt, glaube ich, weil wir nämlich ganz selbstverständlich diese Arbeit verrichtet hatten, als hätten wir unser Leben lang anderer Leute Schmutz beseitigt. Nur deshalb führten sie uns in eine Dusche. Wir spürten seit Wochen zum erstenmal wieder das heiße Wasser auf der Haut und bekamen Seife und ein Handtuch.

Die drei andern Frauen, mit denen wir die Zelle teilten, waren ganz verschieden. Die eine war eine Österreicherin; ich weiß nicht, wie sie nach Schlesien gekommen war, jedenfalls hatte man sie mit Falschgeld aufgegriffen. Sie war eine nette Person und kannte sehr gute Rezepte auswendig. Wir haben dann Kochrezepte ausgetauscht, denn wenn man Hunger hat, helfen schon Gedanken an gutes Essen. Jedenfalls fühlten wir uns fast wie bei einem Diner.

Die andere Frau war eine Wolgadeutsche, die kaum Deutsch konnte, deren Eltern aber während des Krieges nach Deutschland gekommen waren. Sie suchte nach ihnen. Man konnte sich zwar kaum mit ihr verständigen, aber sie war ein bezaubernder Mensch und wirkte wie ein ganz verflogener Vogel auf dieser Welt. Wenn wir auf dem Bett lagen – wir lagen immer abwechselnd zu zweit auf dem einzigen Bett –, dann war sie immer selig über die menschliche Wärme um sie herum.

Die dritte war, glaube ich, eine Russin.

Wir haben uns auch viele Geschichten erzählt; Muto eine Novelle von Tschechov, und ich tagelang über Anna Karenina. So haben wir uns zu fünft die Zeit ganz gut vertrieben.

Was die Polen nun von uns wollten, wußte kein Mensch. Sie griffen eben einfach Leute auf und hofften, etwas von ihnen zu erfahren oder zu bekommen. Am Anfang wußten sie wenigstens noch unsere Namen, der ging aber im Laufe der Zeit verloren. Zum Schluß hießen Muto und ich nur noch Jarek. Eines Abends wurde die Zelle aufgemacht, und Irene Jarek wurde herausgeholt. Ich war außer mir, denn diese Gemeinschaft mit Muto war es doch gewesen, die einem das Ganze nicht nur erträglich, sondern fast wie ein Abenteuer erleben ließ, die Zugehörigkeit zueinander, diese Nähe. Ich klingelte und versuchte, mich bemerkbar zu machen. Es war nicht möglich. Erst nach Stunden kam einer und sagte: Mario? Und da hatten sie wohl unter Mario in der Männerabteilung gesucht und waren dann erst auf den Gedanken gekommen, wo ich war. Dann wurde ich in einen Raum geführt, und da fand ich auch Muto wieder.

In der Nacht wurden wir zu einem Bahnhof gebracht und in einen Zug gesetzt. Aber wir hatten keine Ahnung, wohin wir gefahren wurden, ob nach Berlin oder in ein altes leeres KZ, alles war völlig ungewiß. Der Zug ging nach Warschau.

Dort wurden wir zur politischen Polizei gebracht, die von einem russischen und einem polnischen Oberst geleitet wurde. Der Russe verhörte uns. Er sah den Schein, den uns die Kommandantur in Berlin gegeben hatte und sagte: Gut, ich werde euch helfen. Ich werde euch freilassen. Ich antwortete voller Angst: Aber wissen Sie, bitte nicht *hier!* Denn ich hatte Sorge, daß man uns sofort wieder aufgreifen und ich weiß nicht wohin schleppen würde. Wir mußten uns doch sehr darum sorgen, daß wir unseren Weg nach Hause fanden. Und wir waren inzwischen auch ziemlich verhungert, denn schon in Schweidnitz und auch in Breslau hatte man uns nur aus einer Art Schweineeimer ernährt. Also in meinem Schweineeimer in Kauern war das Futter besser! Hier schwammen Brotrinden in einer weiß getönten Brühe, Wasser mit ein bißchen Milch. In Warschau bekamen wir nun zum erstenmal etwas zu essen, einen Teller warmer Nudeln, was natürlich wunderbar war. Der russische Oberst hatte angeordnet, daß jemand uns nach Breslau zurückbringen sollte. Ein junger polnischer Soldat sollte den Befehl ausführen. Er war darüber ärgerlich, denn er war gerade nach Warschau gekommen, wo er bleiben wollte; und nun sollte er nach Breslau zurück! Er beschloß, seine Freundin mitzunehmen. Der Zug stand etwa einen Kilometer außerhalb des völlig zerstörten Bahnhofs; die Stadt sah überhaupt verwüstet aus. Die Hauptstraße war voller Trümmerberge, und deutsche Kriegsgefangene waren mit Aufräumen beschäftigt. Das alles war Anfang März 1946.

Dieser polnische Milizer, der uns gefangene »aristovani« nach Breslau bringen sollte, brachte nun einen Haufen Koffer mit; er schleppte Körbe, Taschen, Kartons. Aber *er* schleppte es nicht, sondern Muto und ich mußten es schleppen. Und manchmal ging es ihm nicht schnell genug, dann schnipste er mit seiner Peitsche an unsere Waden und sagte: Dawai, dawai, schneller, schneller. Da der Zug ziemlich weit vor dem zerstörten Bahnhof stand und wir nach diesen Wochen und Monaten ziemlich entkräftet waren, hatten wir alle Mühe, dieses Zeug zu tragen. Ich glaube, er ließ es uns schleppen, weil er sich darüber so ärgerte, daß er unseretwegen wieder fort mußte. Weil die Zugverbindungen so schlecht waren, würde er zunächst mal wieder in Breslau bleiben müssen; er hätte nicht einfach am nächsten Tag zurückfahren können.

Wir standen dann vor diesem Zug, der noch leer war, und hatten alle Koffer abgesetzt. Er befahl, wir sollten sie in das Coupé hinauftragen. Wir versuchten das, aber wir konnten es nicht, weil es zu schwer für uns war. Ich sagte: Das kann ich nicht, das ist zu schwer für mich. Da sagte er: Du Nazischwein. Ich dachte, das geht mir zu weit, und sagte: Das bin ich nicht. Da verpaßte er mir eine Ohrfeige und sagte wieder: Du Nazischwein. Und ich wieder: Nein, ich bin keins. Klatsch, hatte ich wieder eine. Aber er nahm die Koffer doch selber auf; und dann führte er uns in ein zweites Coupé, wo wir ganz eng aneinandergepreßt saßen wie die Turteltäubchen.

Der Zug füllte sich allmählich. Gegenüber von mir nahmen ein Russe und eine Russin Platz, beide in Uniform. Es war wieder wie auf der Hinfahrt drängend eng. Plötzlich sagte der Russe: Du deutsch? Ich nickte. Da holte er aus seiner Tasche eine Flasche Wodka Schista, das ist besonders hochprozentiger guter Wodka, goß ein Wasserglas voll, gab's mir und sagte: Trink! Da sagte ich: Ich habe aber seit Wochen nichts Richtiges gegessen, ich habe Angst, daß ich betrunken werde. Trink! sagte er ernst und streng, aber nicht unfreundlich.

Die Russen haben es nicht gern, wenn sie einem etwas Gutes tun wollen und man lehnt ab. Also nahm ich den Wodka und trank ihn. Er hatte absolut recht. Es war, als ob mit jedem Schluck Lebensgeister und Wärme und ein Glücksgefühl in mich einkehrten; ich wurde von innen heraus wieder warm und lebendig. Und er war glücklich, das zu sehen und holte schließlich noch Leberwurstbrötchen aus der Tasche.

So kamen wir dann nach Breslau zurück. Aber nicht in die Freiheit, wie wir gehofft hatten, sondern wieder ins Untersuchungsgefängnis. Im obersten Stock in eine eiskalte Zelle, wo das Wasser von den Wänden tropfte und als einziges Inventar ein Stückchen Matratze lag. Da mußten wir drei Wochen bleiben. Diese Wochen waren wirklich schrecklich, vor allem, weil doch der russische Oberst gesagt hatte, wir kämen frei. Wir bekamen nur unregelmäßig zu essen und hatten das Gefühl, daß man uns völlig vergessen hätte. Ich fürchtete, es wüßte kein Mensch mehr, daß da oben noch zwei Menschen waren.

Das war die einzige Zeit, in der auch Muto wirklich verzweifelt war. Aber endlich kam jemand und rief uns bei irgendeinem Namen und sagte, wir wären jetzt frei. Beim Weggehen bekamen wir noch etwas zum Essen mit, dann gingen wir die hohe Treppe hinunter aus dem Haus und setzten uns erstmal auf die Steintreppe des Untersuchungsgefängnisses. Die Sonne schien, es roch nach Frühling, und es war wie eine Neugeburt nach diesen Wochen. Alles Vorangegangene war nicht so schlimm, war zivilisierter; aber das hier zum Schluß in Breslau war ein Raum, wo Kälte und Bosheit alles durchdrangen.

Jetzt saßen wir nun endlich in der Sonne und überlegten, was tun! Wir beschlossen, zur Caritas zu gehen. Damals war der Leiter ein alter Herr, dem wir alles erzählten. Es war aber auch schon der französische Konsul – den es erstaunlicherweise in dieser Stadt gab – an ihn herangetreten, der im Auftrag der Amerikaner nach uns suchen ließ, so daß die Caritas schon von uns wußte. Freya Moltke hatte in Berlin die Amerikaner gebeten, nach uns zu forschen, denn sie hatte keine Ahnung, wo wir waren. Das wußte kein Mensch. Wir waren schlechthin vermißt; nur anfangs hatte man gedacht, wir laufen in Schlesien herum und sind bei Freunden. Das erzählte uns jedenfalls der Leiter der Caritas. Es war kein Mensch auf die Idee gekommen, daß wir im Gefängnis säßen. Er machte uns nun ein Frühstück, und ich besinne mich, daß er in seiner Bibliothek hoch oben auf die Leiter stieg, eine Flasche hinter den Büchern hervorholte und sagte: Gott der Herr hat dem David nicht verwehrt, die Schaubrote zu essen. Er wird auch uns nicht verwehren, den Meßwein zu trinken.

Aber nun wohin mit uns? Es war klar, daß wir nicht wieder so einfach über die Neiße zurück konnten. Unser Beschützer vermittelte uns deshalb in das katholische St.-Georgs-Krankenhaus. Es wurde geleitet von einer Oberin aus Oberschlesien, die so gut deutsch wie polnisch sprach und schon in der Kriegszeit in ihrem Krankenhaus polnische Ärzte als zwangsverpflichtete Assistenzärzte beschäftigt hatte. Sie hatte damals diese Ärzte genauso behandelt wie die deutschen Ärzte. Jetzt waren die Assistenten die polnischen Chefärzte geworden. Aber sie thronte wie eine Königin über allem. Sie war eine fabelhafte Frau mit einem außerordentlichen organisatorischen Talent und viel Wärme und Festigkeit im Auftreten. Wenn sie morgens durch die Korridore des großen Krankenhauses ging, war es, als ob der Kapitän sein Schiff inspiziert. Diese Frau also nahm uns unter ihre Fittiche, und wir bekamen ein Krankenzimmer mit zwei Betten. Das mußte sie natürlich heimlich tun, weil die Ärzte keine fremden Leute in ihrem Krankenhaus dulden konnten. Eine ihrer Schwestern, Schwester Spiridia, machte sich erstmal daran, uns zu säubern, denn wir waren schmutzig wie unsere Jagdhunde früher! Wir bekamen ein heißes Bad, und sie kämmte unsere langen Haare, die voller Läuse waren. Aber statt uns nun eine chemische Packung auf den Kopf zu geben, begann sie uns wie eine Affenmutter wirklich zu lausen. Jede einzelne Laus knackte sie! Dabei schwatzte sie liebevoll und fröhlich, was wir lange entbehrt hatten.

Schwester Spiridia hatte auch enge Beziehungen zur verbliebenen deutschen Bevölkerung, die verängstigt und in Not lebte. Sie kannte Frauen, die Kinder bekamen, Männer, die aus der Gefangenschaft zurückkehrten, leidende alte Leute; alles, was fehlte, wußte sie genau. Und während die Schwester Oberin die großen Laken sorgfältig in den großen Schränken verschlossen hielt, ging Schwester Spiridia ab und an dort hin und holte sich eins und nähte Hemden daraus oder Windeln für die Kinder. Dann bekam sie natürlich eine Rüge von der Oberin, aber man merkte, daß diese es in Wirklichkeit ganz richtig fand. Schwester Spiridia meinte dazu: Das Gelübde der Keuschheit zu halten, fällt mir nicht schwer, auch nicht das der Armut, aber mit dem Gehorsam, da hapert's!

Im Zuge einer Übersiedlung des Klosters, zu dem das Krankenhaus gehörte, wurden dann auch wir nach Berlin gebracht. Das war wieder eine abenteuerliche Fahrt. Die

Caritas hatte uns um Botendienste gebeten, und so hatten wir auf den Bauch gebundene Briefe, Nachrichten, Berichte, Schmuckstücke dabei. Es waren natürlich auch viele politische Berichte darunter, die die Caritas in Breslau aus Warschau erhalten hatte, und die nach Deutschland weitergehen sollten. Die Leiterin des Transports war ebenfalls eine Oberschlesierin, die polnisch wie deutsch sprach. In Küstrin hielt der Zug lange wegen der Grenzkontrolle, und dabei hat man die Leiterin auf dem Bahnhof verhaftet und abgeführt, eben weil sie so viele Dokumente und Sachen auf sich trug. Die Polen waren mißtrauisch geworden. Jedenfalls fuhr der Zug erst nach stundenlangem Stehen endlich wieder an, und als er über eine Behelfsbrücke über die Oder ratterte, sagte ich zu Muto: Wer wird wohl die Steine zählen, die jetzt von unsern Herzen ins Wasser fallen?

In Berlin nahm uns dann jemand von der Caritas in Empfang, und auf einem Bahnhofsklo gaben wir die ganzen Sachen ab. Wir fuhren dann allein mit der S-Bahn, die damals schon stückweise wieder in Betrieb war, in die Hortensienstraße zurück und wurden von Maria und den anderen sehr warmherzig begrüßt.

Das Wandern durch Schlesien, der völlige Ausbruch aus dem alten Leben und der Beginn eines neuen hatte mir Kraft und Mut und Unternehmungslust gegeben. Ich war nicht gebrochen durch das Geschehene. Ich hatte im Gefängnis Peter so fest in mir verankert, daß ich voller Leben war. Muto wurde allerdings bald schwerkrank. Ich habe mich manchmal gefragt, ob nicht alles zuviel für sie war, dieses Laufen und Fahren durch Schlesien und die Gefängniszeit. Ich jedenfalls habe das Zerbrechen der alten Lebensform nicht als bedrohlich empfunden. Manchmal denke ich sogar, ich habe erst mit vierzig Jahren Laufen gelernt. Denn vorher war ich doch so fixiert, mein ganzes Leben spielte sich eigentlich nur im Zusammenhang mit Peter ab, ich lebte nur für ihn, mit ihm, durch ihn, und entfernte mich weiter von meiner eigenen Familie. Dieses neue Leben hat schon im Berliner Gefängnis begonnen. In dieser Zeit zwischen dem 20. Juli und Anfang Oktober, als ich aus dem Gefängnis kam, habe ich eine Wandlung durchgemacht. Alles Erlebte ist dabei offenbar verarbeitet worden. Es war, als hätte ich mich erst suchen müssen und dann auch gefunden. Das Gefängnis und die Zeit mit Muto in Schlesien haben mir geholfen und mich geprägt. Aber Peter war irgendwie immer dabei; das ging so weit, daß ich manchmal dachte, er ist in einer Verwandlung in mich hereingeschossen...

Nun aber stellte sich die Frage, wie Muto und ich wieder in ein bürgerliches Dasein zurückfinden sollten. Muto war ja ausgebildete Ärztin, sie hatte auch in Schlesien immer wieder praktiziert; eine Weile hatte sie das Wansener Krankenhaus geleitet. Sie wußte, daß sie sofort wieder Arbeit finden würde. Sie ging zum Auguste-Viktoria-Krankenhaus in Schöneberg und wurde dort Assistenzärztin. Später hat sie eine eigene Praxis als Internistin gehabt. Ihr Lehrmeister war Viktor von Weizsäcker, der Begründer der anthropologischen Medizin.

Bei mir war alles viel schwieriger. Ich hatte wohl den Referendar und den juristischen Doktor, doch fehlte mir noch der Assessor und jede Übung und Sicherheit, einfach Berufspraxis, weil ich mich ja zehn Jahre fast nur um Landwirtschaft gekümmert hatte. Während ich noch so rätselte, kam eines Tages der Kommunist Raddatz, der mir im Auftrag von Wilhelm Pieck, dem späteren Präsidenten der DDR, eine Stellung im Magistrat anbot. Berlin war ja noch nicht geteilt, es gab also nur einen Magistrat. Ich sagte, ich hätte noch nie in einem Amt gearbeitet, denn sie boten mir gleich eine Abteilung im Hauptamt für Sozialwesen an, das damals von einem Kommunisten namens Ottomar Geschke geleitet wurde.

Ich fing also im Rathaus an und wurde freundlich aufgenommen. Eine Mitarbeiterin war Anna Rehme, früher Sekretärin von Clara Zetkin, eine beherzte Kommunistin. Die Arbeit ging ganz gut. Ich hatte mich um Verfolgte und Hinterbliebene zu kümmern; zerrissene Familien wurden zusammengeführt, man hat sich um Wohnraum für sie gekümmert und so weiter, aber ich war vor allem damit beschäftigt, die Menschen überhaupt aufzufinden.

Im Herbst 1946 gab es eine Feier zu Ehren der Opfer des Faschismus. Ich sollte eine Ansprache halten, außer mir noch Robert Havemann und Greta Kuckhoff. Ihr Mann war Physiker und von den Nazis im KZ getötet worden. Havemann hatte jahrelang im Zuchthaus Brandenburg zusammen mit Erich Honecker gesessen. Er ist später auch noch von der SED verfolgt worden. Ich hatte eine Rede vorbereitet, meiner Meinung nach gut und sorgfältig, mußte sie aber wie die anderen auch zur Kontrolle einem russischen Oberst vorlegen. Er nahm Anstoß an dem Schluß, einem Gorki-Zitat. Er sagte: Alles ist gut, aber nicht Gorki. Ich sagte: Sie muß doch aber einen Schluß haben, und am besten einen poetischen Schluß und keinen politischen. Das sah er wohl ein, und ich hielt die Rede und schloß in Gedanken an meinen Mann und meine Freunde mit den Worten: »Die Idee, für die unsere Männer starben, ist unser kostbarstes Vermächtnis. Für sie gilt ein Wort Gorkis aus dem ›Lied an den Falken‹:

Bist du auch tot,
im Lied der Kühnen und geistig Starken
lebst du als Vorbild, als stolzer Rufer
in Licht und Freiheit.«

Aber zurück zum Alltag. Die Amerikaner waren sehr freundlich zu uns. Immer wieder kam jemand, der uns entweder Pampelmusen oder riesige Weißbrote brachte, und wir hatten Lebensmittelmarken in Hülle und Fülle, weil wir als Verfolgte mehr bekamen und weil ungefähr fünfundzwanzig Menschen in der Hortensienstraße polizeilich gemeldet waren. Sie kamen von überall her, aus Mecklenburg, Schlesien, Pommern, und blieben dann eine Weile. Freya war bei uns gemeldet, und viele Nichten und Neffen. Maria bekam mehr als einmal zu hören: Die Frau Gräfin braucht doch gar nicht so viele Menschen bei sich aufzunehmen! Sie hat doch ein Recht auf dieses Haus.

Zu essen hatten wir immer genug. Einmal klingelte ein englischer Soldat an der Haustür. Ich öffnete, und da stand er mit einem ganzen Paket Wolldecken überm Arm und fragte mich: Bist du Marion? Ja, sagte ich. Take it, er darauf, und weg war er. Ich bekam auch sehr viele Care-Pakete, die habe ich meistens an Familien mit Kindern weitergegeben.

Unter den Frauen des Widerstands entstand sofort ein enger Zusammenhalt: Freya Moltke, Barbara Haeften, Clarita Trott, Annedore Leber, Romai Reichwein, Käthe Jessen, Frau Olbricht, Frau Hoepner. Wir trafen uns oft und halfen uns gegenseitig. Die Verbindung war so eng, daß sogar einige Kinder untereinander geheiratet haben.

Beruflich kam es bei mir dann etwas anders als ich es mir vorgestellt hatte. Allmählich merkte ich nämlich, daß ich von dem kommunistischen Magistrat irgendwie auch benutzt wurde. Ich fühlte mich manchmal geschoben und gelenkt, ohne zu wissen, von wem und in welche Richtung. Allmählich merkte ich, daß ich das bürgerliche Aushängeschild der Kommunisten werden sollte. Die klassenlose Gesellschaft, die nach dem Krieg in Berlin sehr wohltuend entstanden war, so daß wirklich jeder mit jedem zu tun hatte, hatte sich schon bald wieder in Gruppen und Schichten und Parteien kristallisiert. Die SED war damals schon begründet worden, Sozialdemokraten und Kommunisten hatten sich teils freiwillig, teils gezwungen in der Sowjetischen Besatzungszone und dem entsprechenden Sektor von Berlin zusammengeschlossen. Berlin war noch nicht geteilt, es gab nur die Sektoren der Siegermächte, und daher bewahrten die Sozialdemokraten in den drei West-Sektoren ihre Selbständigkeit. Ich dachte mir jedenfalls, daß es doch wohl richtiger wäre, als Frau einen gelernten Beruf zu haben, mit dem ich mich eindeutig, standfest, ohne Parteipolitik selbst darstellen könnte. Denn ich hatte auch bei anderen Frauen das Gefühl, man sei schließlich nur noch eine Art gesellschaftliche Person, sehr hofiert, aber immer so herumgereicht. Das war nicht angenehm. Man war zwar wichtig, aber ohne jeden Einfluß.

Und dann besprach ich mich mit Ulrich Biel, den ich in den letzten Märztagen 46 kennengelernt hatte. Er war politischer Berater des amerikanischen Kommandanten Howley und war durch Vermittlung seines Freundes Paulus van Husen – einem der ganz wenigen Überlebenden des 20. Juli – auch in unser Haus gekommen. Damals begann unsere Freundschaft, aus der dann unsere heute fast vierzigjährige Lebensgemeinschaft geworden ist. Ulrich mußte 1934 in die USA emigrieren und hatte aktiv am Krieg teilgenommen. Er faszinierte mich sehr bald durch die Unmittelbarkeit seines Wesens und durch seine Klugheit. Er hat alle seine Angehörigen im KZ verloren. Wir verstanden uns auf Anhieb sehr gut, und so blieb es bis auf den heutigen Tag. Durch ihn habe ich ein lebendiges Verhältnis zur Politik und überhaupt zum öffentlichen Leben gewonnen. Seitdem die Freiheit eingezogen ist, haben wir sehr viel mehr von der Welt kennengelernt und erlebt, als dies bis 45 möglich war. Ulrich riet mir also: Weißt du, mach den Assessor. Ich hatte erst Bedenken, weil ich von meiner Ausbildung fast nichts mehr wußte. Vor allem traute ich es mir gar nicht zu. Außerdem gab es in Berlin noch kein Prüfungsamt für Assessoren. Da ging ich zu Hilde Benjamin. Sie leitete damals im noch ungeteilten Berlin das Hauptamt für Justizwesen, und ich besprach mit ihr, daß ich noch einmal eine Station als Referendarin durchlaufen und mich dann zum Assessorexamen melden wollte. Hilde Benjamin, mit der ich mich gut unterhalten habe, war von dem Gedanken angetan. Sie war ja eine gescheite Person und gute Juristin; ihr Mann ist im KZ ums Leben gekommen. Sie war damals noch keine so fanatische Kommunistin wie später. Sie trug die Haare noch in einem dicken Knoten und war nicht unsympathisch. Wir sprachen also miteinander, und als ich mich verabschiedet hatte und schon an der Tür stand, sagte sie so hinterher und quasi nebenbei: In Potsdam haben wir schon ein Hauptprüfungsamt, dort können Sie Ihren Assessor machen. Ich sagte: Potsdam? Ja, meinte sie, Sie müssen dann natürlich Ihren Wohnsitz dort nehmen. Ach, sagte ich, das werde ich mir noch überlegen. Und als ich nach Hause kam, dachte ich, in diesem geliebten Häuschen habe ich mit Peter gelebt, es ist doch wie ein Schneckenhaus, warum soll ich nach Potsdam ziehen? Damals hat mich ein guter Geist davor bewahrt, Volksrichter in Potsdam zu werden. Später haben die Russen noch einmal versucht, mich herüberzulocken. Ein Oberst rief mich mehrmals an, ich solle kommen und von den Kreisauern erzählen. Ich würde abgeholt und wieder nach Hause gebracht. Aber das habe ich abgelehnt.

Ich wartete also, bis es ein Hauptprüfungsamt im Westen von Berlin gab und schrieb das Hilde Benjamin. Ich sah sie dann nicht wieder. Sie wurde später Generalstaatsanwältin in der DDR.

Ich meldete mich also nun zum Referendardienst beim Amtsgericht Lichterfelde, das lag nur zehn Minuten entfernt von der Hortensienstraße. Weil aber die Justizverwaltung kaum von der Vergangenheit unbelastete Richter hatte, wurde ich dann sehr schnell Richter kraft Auftrag, noch als Referendar. In dieser Zeit hatte ich sowohl Zivilsachen als auch Strafsachen zu entscheiden. Damals habe ich wirklich schwer gearbeitet. Diese Urteile, die man getrost mit Yorck unterschreiben konnte, hielten mich oft in den Bibliotheken fest. Ulrich hat mir dabei sehr geholfen. So war ich dann Richter kraft Auftrag. Damals nahm ich oft auch mit Interesse an den Verfahren vor dem amerikanischen Gericht teil; Judge Sabo war für mich ein Vorbild richterlicher Unabhängigkeit.

Natürlich bin ich oft nach Leuten gefragt worden, die eine Rolle im Dritten Reich gespielt haben. Ich habe vielen bei der Entnazifizierung geholfen; aber wenn ich nichts wußte, habe ich auch gesagt: Ich weiß nichts, der Lebenslauf ist mir nicht bekannt. Meine Scheine hatten deshalb auch Wert, es waren keine Persilscheine.

Im Herbst 1947 wurde dann im alten Berliner Landgericht, nahe dem Alexanderplatz, ein Hauptprüfungsamt eingerichtet. Ich wußte, daß die ersten Prüfungen im November stattfinden sollten, nahm meinen Mut zusammen und meldete mich, nachdem ich vorher nicht nur in Lichterfelde, sondern auch am neu eingerichteten Landgericht in Zehlendorf tätig gewesen war. Bei dem dort vorsitzenden Richter habe ich viel gelernt. Dann setzte ich mich also mit meinen dreiundvierzig Jahren hin, schrieb die Hausarbeit für das Assessorexamen und bestand auch die Prüfung. Ich wurde zunächst Beisitzer in einer Zivilkammer, auch wieder mit einem guten Vorsitzenden, der mir einmal den Rat gab: Was immer Sie ausfertigen, einen Beschluß oder ein Urteil, es muß *ein* Gedanke drin sein. Nicht mehr und nicht weniger... Und das habe ich mir gut gemerkt.

Der andere Beisitzer in dieser Kammer war der spätere Kammergerichtspräsident von Drenkmann, der 1974 von Terroristen ermordet worden ist. Eines Tages wurde ich zum Landgerichtspräsidenten bestellt, der mir verkündete, daß er mich als Beisitzer in einer Strafkammer in Moabit haben wollte, denn die Besatzungsmächte bestanden verständlicherweise auf völlig unbelasteten Strafrichtern.

Strafrichter war ich nun aber nur ganz kurze Zeit gewesen! Dagegen hatte ich mich juristisch und menschlich gut in dieser Zivilkammer eingelebt. Ich sagte also: Das liegt mir nicht. Darauf der Landgerichtspräsident: Wenn Sie nicht wollen, können wir ja sagen, Sie könnten einen Weinkrampf kriegen, dann hätte ich einen guten Grund, davon abzusehen. Ich antwortete: Ach, so etwas habe ich noch nie bekommen!

Und so wurde ich Strafrichter in Moabit und habe die Verwaltung manchmal in Schwierigkeiten gebracht, weil ich meine eigene Art hatte, die Prozesse zu führen und mit den

Angeklagten und Verhafteten, ihren Familien, den Zeugen und all diesen Menschen umzugehen, als das im Amtsdeutsch üblich war. Mehrfach hat man mir daher andere Stellen angeboten, beim Kammergericht, beim Bundesgericht oder beim Senator für Justiz; aber ich sagte: Jetzt bleibe ich in Moabit. Und inzwischen hatte ich auch den Vorsitz in einer Großen Jugendstrafkammer; den behielt ich dann fast zwanzig Jahre lang. 1952 wurde ich auch als erste Frau die Vorsitzende eines Schwurgerichtes.

Ich galt übrigens als strenge Richterin. Doch ich habe mich immer bemüht, zugleich der Menschlichkeit und der Aufgabe des Richteramts gerecht zu werden. Ich erinnere mich noch, daß ich einmal am Schluß einer Urteilsbegründung sagte: Ich bin die letzte Instanz, die des Opfers gedenkt. Nachher kommen sofort Psychologen und Pädagogen – ich war ja im Jugendstrafrecht tätig –, um den Verurteilten zu erforschen und zu retten. Aber um das Opfer kümmerte sich seinerzeit kein Mensch mehr, außer vielleicht dessen Eltern.

Die Zeit nach dem Krieg brachte auch ihre eigenen Fälle hervor. Ich besinne mich noch an eine Strafsache vor dem Schwurgericht. Zwei Schwarzmarktbanden in der Gegend vom Kurfürstendamm bekämpften sich erbittert. Einmal kam es zu einer Schießerei und zu einem Strafverfahren gegen einen Beteiligten wegen versuchten Mordes. Der Hauptangeklagte hieß Kurzbart. Er hatte im Warschauer Ghetto und später im Untergrund als Jude auf abenteuerliche Weise überlebt. Acht Mal war es ihm gelungen, den Prozeß zu vertagen, weil der Dolmetscher in der richtigen Sprache fehlte; mich verstand er sofort auf Deutsch, und wir verhandelten ohne sprachliche Schwierigkeiten. Ich gab ihm den rechtlichen Hinweis, daß er auch wegen versuchten *Totschlags* verurteilt werden könne, weil er nicht bereit war, irgendein Motiv aufzudecken. Am zweiten Tag der Verhandlung kam der Kammergerichtspräsident, um mich abzuhören. Ihn störte meine Art der Prozeßführung, er war absolut gegen Frauen in der Justiz, und er hatte schon mehrfach versucht, mich aus meiner Strafkammer herauszukatapultieren. Das gelang ihm aber nicht, und nun war er da, um mich abzuhören. Er nahm aber nicht wie üblich im Gerichtssaal vor mir Platz, sondern schräg hinter mir. Als ich dem Angeklagten nun diesen rechtlichen Hinweis gab, räusperte sich der Präsident vernehmlich. Ich nahm keine Notiz davon, sondern führte dieses Verfahren zu Ende, und der Mann wurde wegen versuchten Totschlags »nur« zu acht Jahren Gefängnis verurteilt. Aber als ich nachher in meinem Richterzimmer war, kam der Verteidiger zu mir und sagte: Der Angeklagte hat inzwischen gesagt: war die Frau anständig zu mir, bin ich anständig zu ihr. Ich nehm das Urteil an.

Das war nun noch zu einer Zeit, als ein großer Teil der Richter eine verständliche Scheu davor hatte, jüdische Angeklagte zu verurteilen. Ich habe dann auch in der Urteilsbegründung gesagt, daß es ein deutscher Richter eigentlich kaum wagen könnte, von diesen Menschen ein gesetzestreues Verhalten zu verlangen, nach allem, was sie von den Deutschen erlitten hätten. Aber das alles war dem Herrn Kammergerichtspräsidenten nicht recht; er wollte den Angeklagten wegen versuchten Mordes verurteilt sehen.

1950 habe ich noch als Beisitzer im Schwurgericht bei einem alten Kollegen gesessen, bei Korsch, einem guten und etwas ungeduldigen Richter, von dem ich viel gelernt habe, ein besonnener und menschenfreundlicher Mann. Ich besinne mich da auf einen Fall, der besonders grausig in die Nachkriegszeit paßte. Man hatte Leichenteile von zwei Toten in den Ruinen gefunden. Ruinen luden ja überhaupt als Versteck ein. Was man da alles gefunden hat! Das Ganze kam ans Licht, weil ein Kind nach Hause kam und sagte: Mama, heute habe ich einen Braten für uns in der Ruine gefunden. Die Kriminalpolizei im Osten und Westen suchte, suchte und hatte keinerlei Hinweise. Man konnte nur aus Vermißtenanzeigen schließen, wer diese zwei Toten waren. Die Polizei und die Sachverständigen waren der Meinung: Es kann nur ein Arzt oder ein Fleischermeister gewesen sein, kein anderer Mensch kann so fachgerecht einen Körper zerlegen. Schließlich kam man auf eine Operationsschwester vom Robert-Koch-Krankenhaus, die eine Postkarte an das eine Opfer geschrieben hatte. Sie hatte zwei Menschen getötet, weil sie ihrem Liebhaber Geschenke machen wollte und nicht genügend Geld besaß. Sie war eine hübsche Person mit übersteigertem Geltungsbedürfnis. Der Fall beschäftigte die Phantasie der Berliner, wie überhaupt die menschlichen Schicksale in »Moabit« in jenen Nachkriegsjahren die Berliner oft bewegten.

Die zwei Jahrzehnte meiner Tätigkeit als Strafrichterin haben mir geholfen, menschliche Fehler und Irrtümer zu verstehen und ihnen gerecht zu werden. Ich war stets bemüht, meine Tätigkeit nicht zur Routine werden zu lassen und das Richteramt ohne Überheblichkeit auszuüben.

Ja, und seit nun fast vierzig Jahren lebe ich hier in Berlin mit Ulrich und Maria zusammen. In einem schönen Zuhause, mit einem Garten, in den ich mehr und mehr hineinwachse! Durch Ulrich habe ich – anders als in meinem Leben vor 45 – viele führende ausländische und deutsche Politiker kennengelernt; er hat schon 1945 lange Gespräche mit Adenauer geführt, und während der Berlinblockade kam fast täglich Ernst Reuter zu ihm zum Frühstück. Reuter hatte viel Humor und ähnelte Leber übrigens auch äußerlich. Er war ein schwerer Mann, ging am Stock und trug eine Baskenmütze. Er kam aus Friesland, war zunächst Sozialdemokrat, dann kurze Zeit Kommunist, später, 1947, wurde er gegen den Widerstand der Russen sozialdemokratischer Oberbürgermeister von Berlin. Er ist 1953 gestorben.

Ein Jahr vorher hatte Ulrich seine deutsche Staatsbürgerschaft wieder angenommen, wurde Anwalt wie sein Vater und war viele Jahre lang Abgeordneter in Berlin

Über Maria schließlich könnte ich ein eigenes Buch schreiben. Wir leben jetzt mehr als fünfzig Jahre zusammen, und sie ist die wichtigste Brücke zwischen meinem früheren und dem jetzigen Leben. Sie hat alle Sorgen mit uns, mit Peter und mir, geteilt; sie wußte auch damals, was vorging, und sie hat sich in den Verhören der Gestapo besonnen und klug verhalten. Nach dem Attentat wurde sie in ein Lazarett in Wannsee dienstverpflichtet und von dort mit den Verwundeten in einem abenteuerlichen Konvoi auf der Havel bis zur Elbe evakuiert. Doch schon im Dezember 1945 kam sie über die grüne Zonengrenze in die Hortensienstraße zurück. Ohne Maria und ihre Wärme, innere Sicherheit und Heiterkeit kann ich mir mein Leben nicht vorstellen. Sie ist für mich immer wie eine Mutter, Schwester und beste Freundin gewesen.

All die Jahre begleitet haben mich aber auch nicht zuletzt die wenigen Briefe, die ich noch von Peter besitze. Der Brief war für ihn das geliebteste Medium. Er sprach nicht so viel, er schrieb lieber. Und er schrieb mir bei jeder noch so kurzen Trennung. Manchmal, wenn er früh fort mußte, fand ich einen Brief auf dem Nachttisch oder auf dem Kopfkissen. Er mußte alles erzählen: die Details des Alltags, seine augenblicklichen Probleme, wen er sah und gesprochen hatte, welche Pläne er hatte, wie ihm zumute war, welche Sträucher oder Blumen im Garten blühten, einfach alles. Besonders aber beschäftigten ihn die Einzelheiten von Kauern und der Landwirtschaft, vor allem der große Garten in Kauern und der kleine in der Hortensienstraße. Ich habe lange gezögert, seine Briefe der Öffentlichkeit zu übergeben, weil sie mir eigentlich nur für mich bestimmt erscheinen; aber in einem Zusammenhang wie diesem geht es nicht ohne sie.

Im übrigen werde ich gerne alt und finde das Leben als alter Mensch eigentlich einfacher denn als junger Mensch, weil man wie im Theater im ersten oder zweiten Rang sitzt. Man guckt's sich an. Man wundert sich manchmal, manchmal hat man auch Sorge. Man lebt mehr durch sein Sein als durch sein Handeln. Ich finde, als junger Mensch ist das Leben doch zum Teil sehr anstrengend. Erstens ist es anstrengend, verliebt zu sein. Dann ist es anstrengend, sich einen Beruf auszuwählen. Und schließlich ist es anstrengend, sich über Folgen von Handlungen klar zu werden und darüber, daß man sie tragen muß. Trotzdem möchte ich von den Gefahren und Schmerzen meines Lebens nichts missen. Mag sein, daß so etwas nur jemand sagen kann, der sie so gut überlebt hat und so gern lebt wie ich. Dafür bin ich dankbar.

Briefe Peter Yorcks an seine Frau

[Sommer 1943; Berlin]

Mein herzallerliebstes Sonntagskind,

welch ein Unterschied heute gegenüber heute vor acht Tagen. Nicht diese Nähe erfüllte, Liebe durchatmete Zweisamkeit, wie sie das hohe Lied Salomons auf so schöne Weise besingt, bis hin zu den Rehzwillingen, sondern ein stiller und rechter Sonntag, zurückgezogen wenn auch nicht resigniert. Man wirft mir immer philosophische Gelassenheit vor; ich glaube nicht, daß dieser Vorwurf trifft. Es ist vielmehr die demutsvolle Erkenntnis der eigenen Ohnmacht und der gelebte Wunsch, alles in Gottes Hand in zuversichtlicher Ruhe legen zu können. Die heutige Predigt von Lilje war eine rechte Ermunterung dazu, die vorhergehenden und nachfolgenden Lieder, sie waren alle lobpreisende Hymnen, und auch die Predigt war darauf gestimmt. Sie widmete sich dem 118. Psalm im Ganzen und in Sonderheit dem 17. Vers: »Ich werde nicht sterben, sondern leben und des Herrn Werk verkünden.« Dieses Wort, welches Luther sich auf der Coburg an die Wand geschrieben hat, welches der Confessio Augustana voransteht und welches Lilje selbst im Weltkrieg trostsuchend auf sich selber bezog, bezog er in erster Linie auf die Gemeinde Christi, auf die Kirche und gliederte dahin: daß 1. erfahrener Glaube die Ruhe und die Zuversicht erhöht und daß 2. aus dem erfahrenen Glauben ein neues Gefühl der Gottesgegenwart erwächst. – Nach Tisch kam ich mit Hans Haeften auf Fragen der Kirche zu sprechen. Die Michaels-Brüder sind ja besonderer Anschauung hinsichtlich der Ausgestaltung des Gottesdienstes insbesondere des Liturgischen und der Abendmahlsfeier. Sie versprechen sich u. a. davon, daß ein reicherer Gottesdienst die der Kirche Entfremdeten leichter zu ihr zurückführt. Denkt man an die vielen schwachen Predigten, die in protestantischen Kirchen gehalten werden, so kann man sich in der Tat fragen, ob dieses Anliegen nicht gerechtfertigt ist. Denn es könnte der mystische Teil des religiösen Empfindens auf diese Weise angesprochen werden und seine Befriedigung finden, während doch die Wortverkündigung nur auf die Predigt gestellt ist und eine schwache Predigt den Suchenden nicht findet und nicht bewirkt, daß es das Tor des Herrn ist, in das er einging. Daß all diese Fragen so problematisch wurden, ist wohl darauf zurückzuführen, daß die geistige und religiöse Substanz nicht proportional der Bevölkerungszunahme gewachsen ist. Daß eben auch diese Decke zu kurz wurde. Ich fühle mein Unvermögen gemessen an der zu bewältigenden Aufgabe immer mehr und bedürfte deshalb Deines lenkenden und aufrichtenden Zuspruchs sehr. Es ist eine sehr schöne Aussicht, daß es schon übermorgen mir zuteil werden soll.

Sei gegrüßt, Gott befohlen

Peter

[Wahrscheinlich Ende Dezember 1943; Berlin]

Liebstes Tuschelchen,

bei einem Blick in die DAZ mußte ich Deiner besonders gedenken, denn dort stand als Überschrift zu lesen: Beethoven in Großem Zapfenstreich, und der Text brachte die Erklärung dafür, daß an die Stelle des Chorals »Ich bete an die Macht der Liebe«, nunmehr die Hymne tritt »Die Himmel rühmen«. Man kann es an der Neige des fünften Kriegsjahres jedenfalls als vordringlich empfinden, daß eine solche Änderung verfügt wird. Denn die Liebe ist in dieser Zeit in solchem Maße aus der Welt entwichen, daß die Anbetung ihrer Macht gewagt erscheinen kann. Dazu kommt noch, daß in dem Choral die Offenbarung der Liebe in Jesu gefeiert wird. Zu fern ist dazu der zweite Schlesische Krieg und die Schlacht von Kesselsdorf, die der alte Dessauer mit dem Angriffsbefehl begann: »In Jesu Namen marsch!« Den Gang der Welt in diesen zwei Jahrhunderten kann man eigentlich an diesen beiden Episoden ganz gut beleuchtet sehen, und doch hat auch der Soldat unserer Zeit nicht nur

Veranlassung, zusammen mit den Himmeln des Ewigen Ehre zu rühmen, sondern auch die Macht der Liebe anzubeten, deren Verbannung aus der Welt das Urteil über diese Welt spricht. Und wo wollen wir denn eine vollkommenere Offenbarung der Liebe finden, als in der Gestalt Jesu Christi. – Wer wird von dieser Änderung Kenntnis nehmen? Wem wird sie Veranlassung bieten, sich ihren Sinn und Bedeutung klar zu machen und daraufhin seinen Standort zu beziehen? – Der gestrige Abend war durchaus nett. Ernst [Siemens] hat sich doch sehr entwickelt, und aus dem Eigenbrötler ist ein Familien- und Konzernmitglied geworden, der bewußt seine Linie verfolgt, mit Bestimmtheit und Energie. Merkwürdig ist, welch großen Platz der Vater für ihn einnimmt. In seiner Jugend wirkte die Gegensätzlichkeit der Persönlichkeiten stark, so daß man als Außenstehender nicht den Eindruck sehr intimer Verbundenheit hatte. Heute erfolgt die Berufung auf diesen Vater immer mit Zustimmung, ja eigentlich mit Bewunderung. Der Sohn hat dadurch sehr gewonnen und sich selbst einen Richtungs- und Haltepunkt geschaffen, der ihm gewiß dienlich ist. Aus seinen Erzählungen ging so recht hervor, wie groß doch die Kollision der gleichzeitig im öffentlichen Dienst stehenden Wirtschaftler ist. Diese Frage bedarf einmal einer etwas vertieften Behandlung. – Ich hoffe, Du hast eine gute Reise gehabt, Heimeran [?] angetroffen und mit Deiner Besprechung [betr.: Gemüsedarre] Erfolg gehabt. Zu erörtern ist mit ihm auch die Frage der optimalen Größe der Anlage. Gewiß habt ihr über die von mir angeregte [?] auch des Obstgutes gesprochen. Mit ganz besonderen Gedanken bin ich heute bei Dir und küsse Dir die Hand.

Peter

[Wahrscheinlich Mai 1944; nach Abendmahl mit Lilje]
Meine immer tiefer geliebte Frau,
noch hast Du Berlin nicht verlassen und das Adieu oder zu Deutsch das Gott befohlen klingt noch im Ohr und brennt

auch im Herzen. Doch gekühlt wird dieser Schmerz von einer Woge von Dankbarkeit für einen solchen Tag inmitten solcher Zeit. Ich fühle mich in besonderer Weise ergriffen und manchmal scheint es mir, als ob aus all dem Geschehen neue Kräfte zuwachsen. Natürlich meldet sich dann auch sehr bald der Zweifel, die Frage, ob das nicht nur eine optimistische Illusion ist. Gegenüber solchen Tagen wie dem gestrigen kann sich dieser Zweifel aber nicht halten, er wirkt und ist eine Kraft. Die Intensität des Erlebens hat sich bei sehr vielen Menschen wohl gesteigert und deshalb war wohl gestern früh auch so ein komprimiertes und konzentriertes Gefühl der beteiligten Menschen zu fühlen. Alle Einzelgeschehnisse und Einzeleindrücke verdichten sich zu dem Verspüren des waltenden Schicksals, und die Allmacht Gottes wird sozusagen handgreiflich und übermächtig in die Welt einwirkend. Merkwürdig ist es, wie neben dem Bedrohtsein, dem Aus den Angeln gehobensein, der Labilität des Augenblicks die vertrauende Hoffnung steht, und stärker das Gerufensein als das Gerichtetsein gefühlt wird. In diesem Sinne brachte die gestrige Feier eine gnadenvolle Kraft, und ich fühlte mich dazu in besonderer Weise zur Teilnahme getrieben. In der Gemeinsamkeit dieses Erlebens liegt auch ein besonderes Geschenk, und das bleibt ungeschmälert dadurch, daß wir zeitweise getrennt sind. Denn die Kontinuierlichkeit des Landlebens, dieses Werden und Wachsen und sich Entwickeln, das ist ein sehr lebendiges Korrelat zu diesem hiesigen Leben, das ohne Beständigkeit und Fundus abrupt gelebt werden muß und des gefügten Bodens leicht ermangeln würde. Denn durch Dich und mit Dir ist Kauern doch sehr viel näher und sehr viel lebendiger und nicht lastend, sondern stärkend. Sonst würde Hans noch manchmal vorwurfsvoll dreinschauen und ein schwer zu überbrückendes Vakuum entstehen. Die Herzen der Menschen sind in dieser Zeit aufgetan und sogar bedürftig (d. h. daß Du mit ihnen sprichst und ihre Sorgen teilst). Ihnen gebend erwirbt man selbst Kraft. Und so sammelst Du dort z. Z. mehr als es Dir hier möglich wäre und beglückst mich mit Deinen Briefen, Gedanken und mit solch schönen Tagen wie den beiden letzten. Gewiß ist das kein Dauerleben, aber dieser Zustand kann ja auch kein Dauerzustand sein. Dem widerspricht die Gesetzlichkeit des Lebens und die Ordnung des Schöpfers. – So ist heute nur Dank und Zuversicht in meinem Herzen und unaussprechlich viel Liebe für meine Frau. Gott befohlen. Sehr zärtlichen Handkuß,

Peter

[Sehr wahrscheinlich am 23.7.1944; KZ Ravensbrück]
Liebe Frau,
zur Feier des Sonntags hat man mir freundlicherweise Tintenstift und Papier gegeben, so daß ich Dir schreiben kann. Von Lottchen [Schwester Siemens] ist Dir gewiß schon Nachricht gegeben worden. So weißt Du, wo ich bin. Da ich nicht weiß, ob es erlaubt ist, schreibe ich über den Grund und die Umstände meines Hierseins nichts. Ich hoffe, daß mein Mißgeschick sich aufklärt und daß Du damit eine Sorge los bist. Sage doch bitte auch Muttchen, daß es mir sehr kummervoll ist, ihr zu dem Schmerz über die beiden gefallenen Söhne diese Sorge zu bereiten. Sie soll sich keinesfalls aufregen, daß bekommt ihrem Herzen nicht. – Du kannst Dir denken, wie erschüttert ich durch das Ereignis bin und wie sehr es mich in diesen langen Tagen beschäftigt. Denn im Gegensatz zu dem Berliner Tag spürt man hier handgreiflich die Wahrheit von Goethes: Ihrer Hundert hat die Stunde, über Tausend hat der Tag. Sobald ich Bücher habe, werde ich dies nutzen. Z. Z. bleibt mir nur die reine Meditation. Meinen Bücherwunsch habe ich nicht spezialisiert und möchte das nachholen: Ich hätte gern die Bibel, Holl – der erste Band ist im Büro – Onkel Maxens Weltgeschichte, landwirtschaftliche Bücher – diese auch im Büro. Von dort erbitte ich auch meinen Füllhalter. Ich hatte dort um Unterrichtung über den öffentlichen Spielplan und um Theaterkarten für die kommende Woche

gebeten; diese bestell doch bitte ab. Patiencekarten hätte ich gern. Zur Zeit habe ich mir ein Spiel aus Klopapier gemacht. Fürs Rasieren brauche ich einen Spiegel. Schuhputzzeug, Nähgarn und einen dunklen Uniformknopf. Ferner Briefpapier und Porto. Dann abonniere bitte den VB [Völkischen Beobachter] für mich, man ist sonst zu sehr abgeschlossen von dem Welt- und Kriegsgeschehen. – Ich schreibe egoistisch nur von mir, kann Dich aber versichern, daß ich sehr liebevoll an Dich denke und an all die Last, die nun noch zusätzlich auf Dir liegt. Kümmere Dich doch bitte um die Bausache von Tischer, den Dreschsatz und die anderen Maschinen von Fischer, den Fortgang der Feldbahn. Sobald der Bestellungs- und Düngeplan auf Grund der Besprechung mit Görbing fertiggestellt ist und Du Sprecherlaubnis bekommst, müssen wir ihn besprechen. Außerdem muß ich Dir für Delbrück und Eichborn [Banken] Bankvollmachten ausstellen. Ich bitte um die nötigen Formulare. Nimmst Du Mariechen nach Kauern? Sorge doch bitte dafür, daß in der Schiedsgerichtssache ein Termin vorläufig nicht stattfindet. Hier ging gestern ein schlimmes Unwetter und Hagel herunter, das sicher viel Schaden gemacht hat. Hoffentlich geht bei uns die Ernte glatt. Mehr darf ich nicht schreiben, aber ich darf Deiner stündlich denken. Ich bin deshalb bei Dir intensiv und liebevoll.

Ich küsse Dir sehr zärtlich die Hände

Peter

[7. und 8. August 1944; vor dem Urteil]

Mein inniggeliebtes Herzenskind!

Wir stehen wohl am Ende unseres schönen und reichen gemeinsamen Lebens. Denn morgen will der Volksgerichtshof über mich und andere zu Gericht sitzen. Ich höre, das Heer hat uns ausgestoßen; das Kleid kann man uns nehmen, aber nicht den Geist, in dem wir handelten. Und in ihm fühle ich mich den Vätern und Brüdern und auch den Kameraden verbunden.

Daß Gott es so gefügt hat, wie es gekommen ist, gehört zu der Unerforschlichkeit seiner Ratschlüsse, die ich demutsvoll annehme. Ich glaube mich durch das Gefühl der alle niederbeugenden Schuld getrieben und reines Herzens. Ich hoffe deshalb auch zuversichtlich in Gott einen gnädigen Richter zu finden.

Dich, meine über alles geliebte Frau, lasse ich in einer sehr dunklen Welt mit heißen Gebeten für Deine Behütung zurück. Als wir vom letzten Abendmahl heimwärts gingen, da fühlte ich eine fast unheimliche Erhobenheit, ich möchte es eigentlich Christus-Nähe nennen. Rückblickend erscheint sie mir als ein Ruf. Es war so schön, dieses Leben mit Dir, immer höher hinauf bei allem Leid, was wir darin erlebten. Ich fühlte mich so reich beschenkt durch Deine Liebe; mein Dank ist unaussprechlich groß. Und auch darin sehe ich eine Gnade, daß ich nicht eher abgerufen wurde. Denn ich weiß, heute lasse ich Dich nicht mehr wurzellos zurück; heute hast Du eine Heimat, in der Du mit tausend Fäden der Liebe verankert bist. So wie ich Dich dort geborgen weiß, so lege ich das Wohl und Wehe von Kauern voll Vertrauen in Deine Hände. Du hast es Dir in den letzten Jahren erworben. Besitze es jetzt und erfülle es mit Deiner menschlichen Schönheit. Sieh diese Aufgabe nicht für zu schwer an. Die Liebe macht sie leicht und lebenswert. Liebe hast Du gesät und wirst Du ernten; auch was Hans einstreute und was ich nach meinen Kräften zu vermehren trachtete, es wächst Dir zu.

Wenn ich auch hier fortgehe, meine Tapfere, ich lasse Dich nicht allein; auf Schritt und Tritt begleitet Dich meine Liebe, mein sorgender Gedanke, mein Gebet. In den sechzehn langen Tagen habe ich mir Dein Leben schon teilnehmend ausgemalt. Der Ausbau des Oberstocks bis zur Schüttbodentreppe, also noch rechts zusätzlich zwei große Stuben, wovon die hintere zweifenstrig mit den Berliner Möbeln des Wohnzimmers geschmückt wäre und die Geschirrkammer rechts als Badezimmer figuriert.

Ich sah den großen Garten, darin Mariechen als Frau eines zu engagierenden Gärtners. Statt der Staudenrabatte im jetzigen Garten rechts und links vorn sah ich Rosenrabatten mit Frühlingszwiebeln, den Mittelweg erhalte, aber nur mit Rosen-Hochstämmen einer Blumenkante begrenzt, die Bank und Anzuchtsbeete, die zweite Hälfte Frühbeete und hinten ein oder zwei Glashäuser, wobei man die Mauer vielleicht um die Scheunenbreite oder sogar bis zur Ecke vorzieht. Ich sah Reichert Wilhelm nach seiner Ausbildung auf der Reit- und Fahrschule hochherrschaftlich auf dem Bock und meine Uniform zu Kutscher-Livreen umgearbeitet gaben ihm das hochherrschaftliche Ansehen, das er als Kutscher der allergnädigsten, allertüchtigsten Frau Gräfin haben muß. Den großen Garten sah ich unter Zuhilfenahme von Obststräuchern und Blumen sinnvoll aufgegliedert, nichts Verziertes, aber auch keine Plantage. Ich sah die reiche Obstblüte draußen und die schöne Ernte, aber auch das Vieh auf gut beregneter Weide des Kauer Häuser-Schlages oder der Lorzendorfer Wiese. Es war ein Bild der fruchtbaren Liebestätigkeit, an dem mein Auge sich weidete.

Mein liebstes Herzelein, an allem will ich weiter teilnehmen, und ich sehe Dich weiter von Goldchen und den Schwestern liebevoll umhegt. Auch Bia wird voller Fürsorge und Hilfe sein, und so darf ich ruhig sein und mein Leben mit großem Dank beschließen. Wir werden uns ja noch sehen; wir wollen dann nicht nur traurig sein, daß es vorbei ist, sondern voll Dank, daß es so schön war und so unverlierbar schön bleibt. Vielleicht ist auch Herr Lilje so nett, nach Haus zu kommen und letzte Worte zu sprechen, und auch in Kauern eine stille Andacht abzuhalten.

Such für uns zwei eine Stelle aus, wo wir ganz nah beieinander Platz haben. Und die Tafel für Hans, die machst Du für uns Drei; für Hans, der lebte und wirkte; für Heinrich, der großherzig Verzicht leistete und für Peter, der weiterbaute; dann sind wir alle Drei immer da.

Nun will man mich schließen, wie es hier heißt. Darum gute Nacht, ich befehle Dich Gottes Güte und bitte ihn um Kraft. Ich küsse Dir sehr zärtlich Deine Hände.

Dein Peter

Offenbar hat man es mit der Vollstreckung des Urteils sehr eilig. Deshalb haben wir schon vor der Urteilsverkündigung Gelegenheit, noch einmal zu schreiben. Ob es Dir gelingen wird, mich noch zu sehen, scheint mir mehr als fraglich. Deshalb möchte ich in dieser Stunde noch mit Dir reden und mein Zwiegespräch fortsetzen, liebe Frau.

Um Dich von den geschäftlichen Dingen zu entlasten, insbesondere die Dinge, welche die Einziehung des Vermögens betreffen, habe ich Bia eine detaillierte Aufstellung gegeben. Er hat es leichter, diese Verhandlungen zu führen. Da er ja Eigentümer von Kauern ist [diese Bemerkung machte Peter Yorck im Hinblick auf die drohende Vermögenseinziehung], habe ich ihm vorgeschlagen, Dir dieses zu verpachten. Als Pacht käme meines Erachtens die Leistungen an Goldchen und die Schwestern in Betracht und ferner die Verzinsung und Amortisation der Summe, die er etwa aus seinen Mitteln aufwendet, um das der Einziehung verfallende Vermögen zu bezahlen. Sag ihm das doch bitte; denn ich unterließ, ihm darüber zu schreiben. Für mich wäre es eine große Beruhigung, Dich in Kauern zu wissen. Die Berliner Wohnung würde ich rasch an Freunde geben und ab 1.9. keine Miete mehr zahlen. Vielleicht hat auch Freya [Moltke] oder Brigitte [Gerstenmaier] ein Interesse daran. Deine Möbel usw. nimmst Du am besten nach Kauern; vielleicht kann Dir Herr Joesch bei der Reichsbahn-Direktion dabei behilflich sein. So allein bist Du nun in diesem schwierigen Leben, mein Tuschelchen. Aber ich kenne Deine Tapferkeit und Liebe und stehe Dir auch weiterhin bei, des kannst Du gewiß sein.

Nun will ich doch noch der vielen Lieben gedenken, die Du bitte noch grüßen mußt. Wie soll ich ihnen alle erfahrene Liebe vergelten! Vor allem Tekchen [Irene Yorck] sage, daß ich sehr fest auf sie zähle und daß sie sich Deiner sehr intensiv annehmen soll. Sie soll ihre Praxis nach Kauern verlegen und mit Dir zusammen wohnen, lasse ich ihr sagen. Sie profitiert dabei ebensoviel oder mehr als Du, das weiß sie auch. Dävchen muß nun meines bescheidenen Rats entbehren. Sag ihr doch, mit Wagner [Inspektor] soll sie es nur ein Jahr versuchen, geht es dann nicht, muß sie doch wechseln. Bei Wagners Alter darf sie dann nicht warten. Mit dem Finanzamt Tiergarten sprach ich leider nicht. Ihr und ihren Kindern alles Liebe, wie auch den anderen Schwestern. Ich kann meine Grüße, Wünsche und Beteuerungen nicht mehr individualisieren.

Und nun die Freunde und Freundinnen. Daß das bei Sylvius [Pückler] mein Schwanengesang war, hat mich merkwürdig berührt. Auch daß Ulla [Mangoldt] so gar keine Nachricht gegeben hatte, ist Gegenstand meines Amusements. Die aale Lerge [Luckner] mußt Du sehr grüßen. Vielleicht kann sie an Anzügen oder Wäsche etwas gebrauchen und malt Dir ein Bild von mir als dem unglücklichen Rebellen für Freiheit, Menschenwürde und Recht. Er war so unzufrieden mit mir, ich hoffe aber, er vergibt mir. Dem kleinen Kling [Mitarbeiter] sehr herzliche Grüße. Gib ihm doch den Lassalle-Heraklit von mir, ich hoffe, er hatte durch mich keine Unannehmlichkeiten. Teddy [Kessel], Gogo [Nostitz] und die vielen, Reyali [Freya Moltke], Helmuth und wer es noch alles ist, Paulus und Lukas [Lukaschek], ihnen meine Grüße und meinen Dank. Wie könnte ich in dieser Stunde an alles das denken, was sie uns mit ihrer Freundschaft waren! Mariechen wird Dich gewiß nicht verlassen. Sie soll für mich beten und mich in liebevollem Andenken behalten. Sie weiß ja, wie ich sie liebe und welche Dankbarkeit ich ihr gegenüber empfinde.

In Kauern hast Du ja auch jedem einzelnen zu sagen, mit welchem Glück und Dank ich an alle denke, wie ich ihre Sorgen um die Leute draußen teile und wie sehr ich ihnen allen einen baldigen Frieden wünsche. Verlasse sie bitte nicht, sie bedürfen Deiner sehr, und auch ihr Vertrauen und ihre Liebe wird Dich tragen. Der gute Lampl [Inspektor] erlebt es nun auch zum zweiten Mal. Gib ihm doch ein Andenken von mir, vielleicht Diters Silberdose oder Koljas Manschettenknöpfe. Versichere ihn meines großen Dankes und Vertrauens. Er wird gewiß so bald nicht weggehen und Dir zur Seite stehen.

Meinen Patenkindern gib doch Andenken, wie die Uhr an Tiechen, die Abeken an Gebchen, die Heter-Uhr an Peter Voss, die Flinte, die in Kleinöls ist, später vielleicht dem kleinen Schulenburg und der Friedrich der Grosse an den kleinen Katte. Die beiden Nichten sind schwer zu bedenken. Deinen Geschwistern auch meine Grüße. Abs, Borsig und alle anderen werden immer für Dich da sein. Laß diese unser Leben so bereichernden Verbindungen nicht abreißen. Lade Dir die Freunde und Freundinnen ein und vergiß auch Ostpreußen dabei nicht. Laß Dein Leben in der Fülle bleiben; es ist so unendlich beglückend, Liebe zu empfangen und zu geben. Mein großer Herzenswunsch ist, daß mein Tod die Harmonie mit Bia wiederherstellt. Wirke doch bitte auch in diesem Sinne. Auch für ihn ist es wieder eine Chance.

Nun erweist es sich als Glück, daß ich weder Kleinöls noch Kauern erwarb [siehe Erläuterung S. 109] und daß beides deshalb nicht gefährdet ist. Mit Schiedsrichter und Anwalt wirst Du wegen Zahlung bzw. Erstattung gewiß einig werden; es geht ja von den beschlagnahmten Vermögen ab und ist vorab aus ihm zu zahlen.

Doch genug von diesen Sorgen. Voll Zuversicht vertraue ich Deine Zukunft Gottes Güte und der Liebe der Meinen und Deinen an. Und unsere Zweisamkeit, sie dauert fort, mein Herzlieb, auch wenn meine großen Hände Dich nicht mehr streicheln können. An ihrer Stelle tun das meine Gedanken, die Dich ständig umgeben und umschweben werden. Mein Tod, er wird hoffentlich angenommen als Sühne aller meiner Sünden und als Sühneopfer für das, was wir alle gemeinschaftlich tragen. Die Gottesferne unserer Zeit möge auch zu einem Quäntchen durch ihn verringert werden. Auch für meinen Teil sterbe ich den Tod fürs Vaterland. Wenn der Anschein auch sehr ruhmlos, ja schmachvoll ist, ich gehe aufrecht und ungebeugt diesen letzten Gang, und ich hoffe, daß Du darin nicht Hochmut und Verblendung siehst, sondern ein bis zum Tode getreu! »Des Lebens Fackel wollten wir entzünden, ein Flammenmeer umgibt uns, welch ein Feuer!«

Und nun sage ich Dir zum letztenmal Lebwohl. Sei tapfer und stark, gib Liebe und vertraue Dich der Liebe. Nimm den unaussprechlich großen Dank Deines Mannes entgegen, der Dir die Schönheit seines Lebens dankt. Mein letztes Gebet gilt dem, daß ich Dich Gott anbefehle und Vergebung meiner Sünden und Seelenheil erbitte.

In der zärtlichen Liebe, in der ich hier mit Dir lebte, werde ich weiter leben. Laß Dich umarmen und Dir Deine lieben Hände streicheln und küssen von

Deinem Mann

Historische Erinnerung

Am Morgen des 20. Juli 1944, einem schwülen Tag in Berlin, begab sich Oberst Claus Schenk Graf von Stauffenberg mit zwei Sprengsätzen in der Aktentasche zu Hitlers Standquartier, der sogenannten Wolfsschanze bei Rastenburg in Ostpreußen. Seit dem 1. Juli Chef des Stabes bei Generaloberst Fromm, dem Befehlshaber des Ersatzheeres, hatte Stauffenberg unmittelbaren Zugang zu den Besprechungen im Führerhauptquartier; und bereits am 11. und am 17. Juli hatte er ein Attentat in Aussicht genommen. Ohne Erfolg. Das Unternehmen »Walküre«, wie der Putsch-Plan des deutschen Widerstandes genannt wurde, sollte nun also zum drittenmal gewagt werden. Er sah vor, nach dem Tod Hitlers mit allen in Deutschland verfügbaren Heereseinheiten die strategisch entscheidenden Punkte zu besetzen, die wichtigsten Naziführer zu verhaften und eine neue, zunächst provisorische Führung einzusetzen.

Gegen 10.15 traf Stauffenberg zusammen mit seinem Adjutanten Oberleutnant Werner von Haeften, im FHQ ein. Es folgte ein Frühstück im sogenannten Teehaus mit Rittmeister von Möllendorf sowie eine Aussprache mit dem mitverschworenen General Fellgiebel, dem Chef des Nachrichtenwesens, sowie mit den Generälen Buhle und v. Thadden. Gegen 12.00 meldete sich Stauffenberg bei Generalfeldmarschall von Keitel. Gegen 12.30 begann die Führerlagebesprechung in der Speerbaracke, dem Gästehaus des FHQ, entgegen sonstiger Gewohnheit also nicht im Bunker.

An der Besprechung nahmen außer Hitler, Keitel und Buhle noch etwa zwanzig Personen teil; darunter Generäle, Vertreter des Auswärtigen Amtes sowie der SS.

Unmittelbar vor Eintritt in das Besprechungszimmer drückte Stauffenberg in Gegenwart von Haeftens im Vorraum der Lagerbaracke mit einer kleinen Zange den Zeitzünder von einer der beiden Bomben in seiner Aktentasche ein, als ein Oberfeldwebel sich näherte und die beiden zur Eile mahnte. So blieb es bei dem einen Sprengsatz.

Stauffenberg betrat den langgezogenen Besprechungsraum, in dessen Mitte ein großer Eichentisch stand, und wurde auf Wunsch neben Hitler plaziert. Die Tasche stellte er zwischen Hitler und sich auf den Boden. Kurz darauf ließ er sich zu einem angeblich dringenden Telefongespräch herausrufen. Einem Oberst war die Tasche im Wege. Er rückte sie unter den Schragen des Tisches, der sich nun zwischen Hitler und die Bombe schob. Sie explodierte gegen 12.42. Geschützt durch den Tisch, über den er sich zum Kartenlesen gebeugt hatte, erlitt Hitler nur leichte Prellungen und Brandwunden. Der eine Sprengsatz hatte in der Baracke weniger Durchschlagskraft als er es in dem unterirdischen Bunker gehabt hätte; diesen Umstand hatte Stauffenberg nicht voraussehen können. Acht Personen wurden schwer verletzt, vier starben, die übrigen trugen nur leichte Verwundungen davon.

Zwei Minuten später passieren Stauffenberg und Haeften den ersten der beiden Sperrkreise um das FHQ. Sie sehen die Explosion der Baracke, sie sind der Meinung, alle Beteiligten seien tot. Obgleich unmittelbar darauf Alarm gegeben wird, gelingt es den beiden Männern, mit dem Wagen zum Flugplatz zu kommen; unterwegs wirft Haeften den zweiten Sprengsatz aus dem Fenster.

Gegen 15.30 treffen sie auf dem Flughafen Rangsdorf bei Berlin ein und verbreiten die Nachricht von Hitlers Tod. Kurz vor vier wird aus dem Oberkommando des Heeres in der Bendlerstraße die Operation »Walküre« durch General Olbricht ausgelöst, während zur gleichen Zeit im Führerhauptquartier Mussolini mit einem Sonderzug eintrifft.

Ebenfalls um dieselbe Zeit sind die deutschen Generäle in Paris, und einige Stunden später auch in Prag vom »Gelingen« des Attentats verständigt; die Aktion nimmt ihren Lauf. In Berlin erfährt derweil General Fromm durch Anruf bei Keitel, daß der Führer nur leicht verletzt sei; Fromm, ursprünglich Mitverschwörer, befiehlt, »Walküre«

abzubrechen. Zwischen 16.30 und 17.00 treffen in der Bendlerstraße Stauffenberg und Haeften ein sowie Generaloberst Beck und Hans Gisevius. Fromm wird wegen Torpedierung der Aktion von den Verschwörern verhaftet. Etwa um 18.45 bringt der Deutschland-Sender die erste Meldung über das mißglückte Attentat; aber Stauffenberg erklärt den verwirrten Anrufern noch nach 19.00, daß Hitler tot sei.

Inzwischen ist Himmler zum Befehlshaber des Ersatzheeres ernannt worden, das Wachbatallion hat das Regierungsviertel abgeriegelt, auf dem Fehrbelliner Platz ist die Panzer-Ersatzbrigade eingetroffen mit dem Auftrag, den Putsch niederzuschlagen. Gegen 21.00 besetzen Teile des Wachbatallions den Bendlerblock. Zwischen 23.00 und 0.30 werden auf Befehl Friedrich Fromms, der nun wieder die Führung übernommen hat, General Olbricht, Oberleutnant von Haeften, Oberst Merz von Quirnheim sowie Oberst Graf Stauffenberg erschossen.

Generaloberst Beck begeht erzwungenen Selbstmord.

Zu den am 20. Juli in der Bendlerstraße verhafteten Offizieren gehört auch Peter Graf Yorck von Wartenburg.

Soweit der Hergang dieses Tages. Er ist als Tag des deutschen Widerstandes in die Geschichte eingegangen. Mit seinem blutigen Ende ist es ein Gedenktag für einen heldenhaften Versuch geworden; aber mit seinem Scheitern auch ein Mahntag für die viel zu späte Einigung der verschiedenen Widerstandsgruppen und die beharrliche Vorstellung, insbesondere der wichtigsten Generäle, es dürfe nur ein »legaler« Staatsstreich durchgeführt werden. Eine Vorstellung, die auch später den 20. Juli immer wieder in ein falsches Licht gestellt und einer breiteren Zustimmung entzogen hat.

Die Zeit nach dem 20. Juli wurde in Deutschland zur Phase einer grausamen Menschenjagd. Fast 400 Personen wurden eigens für die Aufklärung des Putsches eingesetzt. Tausende wurden verhaftet, in den Kellern der Gestapo gefoltert und später umgebracht. Der Vorsitzende des Volksgerichtshofes, Dr. Roland Freisler, hielt in Berlin Schauprozesse gegen die Hauptpersonen ab, die ebenso wie die Erhängung in Plötzensee von Kameraleuten gefilmt wurden – angeblich für die Wochenschau, jedenfalls auf ausdrücklichen Wunsch von Hitler.

Die moralische und auch religiöse Gesinnung der Angeklagten verfehlten auf viele Menschen ihre Wirkung nicht. Die Aussagen der Verschwörer bezeugten ihr Bestreben, eher den verbrecherischen Charakter des herrschenden Regimes bloßzustellen als den eigenen Kopf zu retten. Besonders Helmuth James Graf von Moltke, der bereits im Januar 44 verhaftet worden und daher am Attentat selbst nicht beteiligt war, empfand seinen Wortwechsel mit Freisler als Dialog mit einem satanischen Gegenspieler, der ihn, Moltke, für nichts anderes als für seine Überzeugungen zum Tode verurteilen könne.

Dennoch: der Aufstand fand keine große Unterstützung im Volk. Man hielt ihn nach den Worten Hitlers für die Aktion einer kleinen reaktionären Offiziersclique. Das Charisma Hitlers war durch die Tatsache, daß er auch dieses Attentat wie schon viele vorhergehende wie durch ein Wunder überlebt hatte, eher noch gewachsen; jedenfalls blieb eine nennenswerte Reaktion der Empörung auf die Hinrichtung der Beteiligten aus.

Ein Begräbnis, geschweige denn ein christliches, wurde niemandem gewährt. Man übergab die Leichen der Hingerichteten dem Berliner Anatomischen Institut (dessen Leiter allerdings mit einigen Verschwörern befreundet war und sie deshalb unangetastet einäschern ließ); und man setzte die Sippenhaft ein. »Wir werden hier absolute Sippenhaft einführen«, erklärte Heinrich Himmler am 3.8.1944 in einer Rede vor Gauleitern in Posen: »Es soll uns nur ja niemand kommen und sagen: das ist bolschewistisch, was Sie da machen. Nein, nehmen Sie mir es nicht übel, das ist... sehr alt und bei unseren Vorfahren gebräuchlich gewesen. Sie brauchen bloß die germanischen Sagas nachzulesen... Die Familie Graf Stauffenberg wird ausgelöscht werden bis ins letzte Glied...«

Opfer dieser Sippenhaft wurden zahlreiche Frauen, auch Frauen mit Kindern und Schwangere, die ihre Kinder im Gefängnis zur Welt brachten, sowie Mütter von Widerstandskämpfern; Marion Yorck ebenso wie die über siebzigjährige Mutter von Peter Yorck.

Unverhüllt verwendete das Regime den Sieg über die Putschisten als einschüchterndes Propaganda-Spektakel, um von den militärischen Niederlagen und dem drohenden Ende des Dritten Reiches abzulenken. Welche Tapferkeit die meisten Gefolterten aufbrachten, um ihre Freunde nicht zu verraten, ist der Nachwelt niemals in vollem Umfang bekannt geworden.

In der Aktion vom 20. Juli fanden die Anstrengungen sowohl des militärischen Widerstandes ein Ende als auch des bürgerlich-zivilen, der sich zum Teil um den ehemaligen Leipziger Bürgermeister Carl Goerdeler, zum Teil in dem Kreis um Peter Yorck und Helmuth Moltke gesammelt hatte. Der von Roland Freisler so genannte »Kreisauer Kreis« war ein zunächst lose, später immer zielstrebiger verbundener Freundeskreis, der sich unter Führung von Moltke und Yorck zunächst einmal Gedanken über Deutschland *nach* dem Krieg, das heißt nach der Niederlage, machte.

Männer verschiedener Professionen trafen sich hier: religiöse Sozialisten, sozialdemokratische Arbeiterführer wie Adolf Reichwein, Carlo Mierendorff, Theo Haubach; dann auch Theologen wie der Jesuitenpater Alfred Delp und der protestantische Pfarrer Eugen Gerstenmaier; Juristen aus dem politisch bewußten Katholizismus wie Paulus van Husen, Hans Peters, Hans Lukaschek, der 1932 Oberpräsident der preußischen Provinz Oberschlesien war und 1933 von den Nazis entlassen wurde. Ferner gehörten zum engeren Kreis Diplomaten wie Adam von Trott zu Solz und Hans Bernd von Haeften, ein Anhänger der Bekennenden Kirche. Haeften wiederum brachte Harald Poelchau mit, den Schüler von Paul Tillich und späteren Gefängnispfarrer, der Hunderte von Menschen auf den Tod vorbereitet hat und ohne den vermutlich die vielen glaubensstarken Abschiedsbriefe der Verurteilten nicht denkbar sind.

Eine gewichtige Stimme hatte auch der Sozialdemokrat Julius Leber, der schon früh verhaftet worden war und eine jahrelange KZ-Haft erduldet hatte; dann auch Carl Dietrich von Trotha und dessen Freund Horst von Einsiedel. Hinzu kamen noch eine ganze Reihe von Personen aus Wirtschaft, Wissenschaft und Politik, die ohne nähere Kenntnis des Ganzen in einzelnen Fragen zu sachkundigen Beratungen herangezogen wurden.

Helmuth Moltke schließlich war wie Peter Yorck von Haus aus Jurist. Aus der Familie des Feldmarschalls aus dem 19. Jahrhundert, Sohn einer sehr religiösen Mutter – einer Südafrikanerin schottischer Herkunft –, war Moltke vom Tage der Machtergreifung an ein überzeugter Gegner des Regimes. Seine Einstellung zu einem etwaigen Attentat ist in der Geschichtsschreibung umstritten. Jedenfalls war die Vorbereitung eines solchen schließlich nicht Gegenstand des Verhörs vom 12. Januar 1945, wenn man den brieflichen Darstellungen Moltkes selber folgt.

Die Mitglieder des »Kreisauer Kreises« legten in eigenen Denkschriften ihre wesentlichen Grundsätze nieder. Sie sahen im Christentum »wertvollste Kräfte für die religiössittliche Erneuerung des Volkes«; aber Glaubens- und Gewissensfreiheit sollten gewährleistet sein. – Eine Universitätsreform hielten sie für ebenso nötig wie ein undogmatisches Schulsystem mit der Möglichkeit von Privatschulen; sie waren für eine Erziehung zur Individualität und gegen jede totalitäre Organisation. Auf staatlicher Ebene plädierten sie für einen starken Föderalismus, für den Aufbau von Verwaltung und Parlament, ausgehend von kleinen Gemeinden über Kreise und Länder bis hinauf ins »Reich«. In der Wirtschaft wünschte man sich einen »geordneten Leistungswettbewerb« und statt zentralistischer Gewerkschaften eine Arbeitsgemeinschaft von Unternehmern und Arbeitern. Außenpolitisch strebte der Kreis zu einer Eingliederung des nationalen in ein europäisches Denken.

Der Kreis hatte und suchte mit wechselndem Erfolg Verbindungen zu den anderen Widerstandsgruppen; zu den Kölner Katholischen Arbeiterführern ebenso wie zum Kreis um den ehemaligen Leipziger Bürgermeister Carl Goerdeler, zu dem der Bekennenden Kirche nahestehenden Freiburger Professorenkreis, zur »Weißen Rose« und, mit fatalem Ausgang, zuletzt zu den Kommunisten. Verbindungen zu den Alliierten, mit denen man ins Gespräch zu kommen versuchte, vor allem auch, um die demütigende Forderung nach bedingungsloser Kapitulation abzuwenden, ließen sich nicht herstellen. Auch die Vorstellungen über eine Verfolgung und Verurteilung von Kriegsverbrechern durch deutsche Gerichte waren nicht durchsetzbar.

Die »Kreisauer« wollten keine Restauration. Viele von ihnen waren mit den Gedankengängen des religiösen Sozialismus und Paul Tillichs vertraut; aber vielleicht stärker als bei anderen Widerstandsgruppen war bei ihnen die Tendenz zur Überwindung der Gegensätze ausgebildet: der sozialen, der konfessionellen und der politisch-ideologischen. Eine Tendenz, die nicht ohne die geeigneten Charaktere in Widerstandspraxis hätte umgesetzt werden können.

Peter Yorck war hierfür der rechte Mann. Er sei, hat sein Freund Luckner einmal von ihm gesagt, wie ein Baum, unter dem viele Menschen Schutz fänden. Geboren am 13. November 1904, stammte Yorck aus einer alten preußischen Adelsfamilie. Historische Berühmtheit erlangte der Feldmarschall Yorck, der 1813 in einem kühnen Alleingang mit dem russischen General von Diebitsch die Konvention von Tauroggen abschloß und so den entscheidenden Anstoß zu den preußischen Befreiungskriegen gegen Napoleon gab.

Zum Dank wurde dem Feldmarschall die schlesische Malteser Kommende Kleinöls als Dotation verliehen. Hier wuchs Yorck zusammen mit seinen neun Geschwistern auf. Die Familie galt als ungewöhnlich gebildet und gesellig. Hegel und Varnhagen, Schelling und Schleiermacher waren dem Haus befreundet; Ludwig Tieck vermachte ihm seine Bibliothek. Der Enkel des Feldmarschalls, Maximilian Yorck, schrieb eine gewichtige ›Weltgeschichte in Umrissen‹, und Liszt und Rubinstein gaben im Breslauer Haus Konzerte.

Peters Großvater Paul Yorck war ein enger Freund des Philosophen und »Geisteswissenschaftlers« Wilhelm Dilthey, mit dem er einen bekannten Briefwechsel führte.

Die Bibliothek des Hauses, eine der größten privaten in Deutschland, umfaßte zum Schluß an die 150000 Bände; in Peter Yorcks Kindheit war eine Weile lang Ringelnatz ihr Bibliothekar. Peter Yorcks Vater, ein Jurist wie später sein Sohn, war ein klassisch gebildeter Mann. An Winterabenden las er mit der Familie häufig griechische Tragödien mit verteilten Rollen. Die Kinder lernten unzählige deutsche Gedichte auswendig, wurden aber nichtsdestoweniger durchaus auch politisch erzogen. Heinrich Yorck war ein Anhänger Bismarcks, nicht ohne Widerspruchsgeist. Er starb 1923, also kurz vor Peter Yorcks zwanzigstem Geburtstag. Peter war damals auf der Klosterschule Roßleben und studierte anschließend Jura in Bonn und Breslau; er promovierte 1927. Er war ein Mann von konservativ-liberaler Grundhaltung, fest verwurzelt in der geistig offenen Tradition seiner Familie. Seine Abneigung gegen die Nationalsozialisten war vor allem rechtlich-moralischer Natur. 1938, bei einer Reise in das Sudetenland, kam ihm die NS-Praxis deutlich vor Augen; nach der Reichskristallnacht und den ersten Berichten über Judenermordungen in Polen nannte er Hitler einen deutschen »Dschingiskhan«.

Peter Yorck stand in freundschaftlicher Verbundenheit aktiv an der Seite von Claus Stauffenberg. Dieser erfuhr von ihm über die Arbeit des »Kreisauer Kreises«; und Yorck war es auch, der ihn mit Leber zusammenbrachte. Zu den Freunden, die Yorck im Hinblick auf einen späteren organisierten Widerstand um sich sammelte, gehörten auch Fritz Graf von der Schulenburg, stellvertretender Polizeipräsident von Berlin, Nikolaus Graf Üxküll, der ebenso wie er selbst beim Reichskommissar tätig war; ferner Caesar von Hofacker, Albrecht von Kessel, Legationsrat im Auswärtigen Amt, Otto Ehrensberger aus dem Reichsinnenministerium sowie schließlich Berthold Stauffenberg, Bruder von Claus, ein anerkannter Völkerrechtler.

In diesen Gesprächen wurden Grundsätze für eine neue Reichsverfassung erörtert; aber wegen der ausgedehnten Bespitzelung konnten neue Kontakte allmählich fast nur noch im Verwandten- und Freundeskreis gesucht werden, und hier auch trafen sich Yorck und Moltke.

So einmütig beide auch in der Zielsetzung waren, so unterschiedliche Charaktere waren sie. »Peter Yorck«, so charakterisierte ihn Harald Poelchau, »der zurückhaltende, leise sprechende ... taute erst nach einer Weile auf und überraschte dann alle durch die Schärfe seiner pointierten Redeweise. Er wirkte nicht so in die Öffentlichkeit wie Helmuth von Moltke. Er lebte mehr der persönlichen Besinnung und für den Kreis seiner Freunde. Und er war stark mit seiner Heimat verbunden.«

Unterschiedlich waren folgerichtig auch die Einstellungen Moltkes und Yorcks zum politischen Geschehen. Während Moltke einen außerordentlich scharfen und nüchternen Blick für die Realität überhaupt hatte und folglich auch für die Möglichkeit ihrer Veränderung, drang bei Yorck mehr und mehr eine tiefe Religiosität durch. Er kannte zwar keine konfessionellen Vorbehalte, aber die Schriften Luthers waren ihm wohl vertraut, und für ihn mußte der Staat ein christliches Fundament haben. So jedenfalls stellte er es in mehreren Briefen dar, ließ sich aber von Moltke für die Abfassung der Denkschriften des Kreises durchaus in manchen Punkten »ernüchtern«. Nachdem Moltke, der im Januar 1944 ein Mitglied des »Solf-Kreises« vor der Verhaftung hatte warnen wollen, durch diesen Hinweis seine eigene Festnahme ausgelöst hatte, und nachdem Anfang Juli auch noch Leber und Reichwein in die Hände der Gestapo gerieten, zögerte Yorck nicht, seinem Vetter Claus Stauffenberg in der Frage des Attentats beizustimmen. Verabredungsgemäß war er am Morgen des 20. Juli in der Bendlerstraße zur Stelle.

Religiös, außerordentlich verschlossen und distanziert nach außen, in seinen Überzeugungen durch die intensiven Gespräche der letzten Jahre unerschütterlich geworden, so trat er Anfang August vor den Richter Dr. Roland Freisler:

YORCK: Herr Präsident! Ich habe bereits bei meiner Vernehmung angegeben, daß ich mit der Entwicklung, die die nationalsozialistische Weltanschauung genommen hatte...

FREISLER *(unterbrechend)*: ...nicht einverstanden war! Sie haben, um es konkret zu sagen, ihm erklärt: In der Judenfrage passe Ihnen die Judenausrottung nicht, die nationalsozialistische Auffassung vom Recht hätte Ihnen nicht gepaßt.

YORCK: Das Wesentlichste ist, was alle diese Fragen verbindet, der Totalitätsanspruch des Staates gegenüber dem Staatsbürger unter Ausschaltung seiner religiösen und sittlichen Verpflichtungen Gott gegenüber.

FREISLER: Sagen Sie einmal, wo hat der Nationalsozialismus die sittlichen Verpflichtungen eines Deutschen ausgeschaltet? Der Nationalsozialismus hat die sittlichen Verpflichtungen eines Deutschen, des deutschen Mannes, der deutschen Frau unendlich gesundet und unendlich vertieft. Daß er sittliche Verpflichtungen ausgeschaltet hätte, habe ich noch nie gehört. Und was die Religion anlangt, so ist im Grunde der Nationalsozialismus sehr bescheiden. Er sagt: Bitte, mache das doch ab, wie Du willst, nur bleibe im Jenseits mit Deinen Ansprüchen, Kirche; denn die Seelen sollen ja im Jenseits herumflattern; hier auf der Erde gilt unser jetziges Leben. Sonst kann sie sich *(nicht)* um die Politik kümmern. Also was

Sie sagen, ist mindestens sehr schief gesehen; es hat keinen Sinn.

YORCK: Ich wollte das nur als Erklärung geben.

FREISLER: Was weiter die nationalsozialistische Auffassung vom Recht betrifft, so kann ich als einer, der seit vielen Jahren nun wirklich im Rechtsleben darin steht, sagen, daß unsere Auffassung vom Recht theoretisch und praktisch ebenfalls eine ungeheuere Vertiefung erfahren hat, daß das Recht unseres Volkes eine ungeheure Gesundung und Verstärkung erfahren hat... Was Sie vorgetragen haben, bleibt rätselhaft. Aber Sie sagen: Ich war nicht einverstanden. Nun frage ich Sie: Wenn Ihnen *(von Stauffenberg)* ein Ehrenwort abgenommen worden war und Sie so etwas hörten, was haben Sie sich für Gedanken gemacht? Kann denn so ein Ehrenwort ziehen?

YORCK: Ich fühlte mich dadurch gebunden, Herr Präsident.

Das Todesurteil wurde noch am Abend des 8. August vollstreckt. Ein Gefängniswärter hat es beschrieben:

»Stellen Sie sich einen Raum mit niedriger Decke und geweißten Wänden vor. Unter der Decke war eine Schiene angebracht, an der zehn große Haken hingen, wie die, welche die Metzger brauchen, um das Fleisch aufzuhängen. In einer Ecke stand eine Filmkamera, Scheinwerfer gaben ein grelles, blendendes Licht wie in einem Atelier. In diesem sonderbaren kleinen Zimmer befanden sich der Generalstaatsanwalt des Reiches, der Scharfrichter mit seinen beiden Gehilfen, der Filmoperateur und ich selbst mit einem zweiten Gefängniswärter. An der Wand stand ein kleiner Tisch mit einer Flasche Kognak und Gläsern für die Zeugen der Hinrichtung.

Die Verurteilten wurden hereingeführt; sie hatten nur ihre Sträflingsanzüge an und trugen Handschellen. Sie wurden in einer Reihe aufgestellt. Grinsend und unter Witzen machte sich der Scharfrichter zu schaffen... Einer nach dem anderen, alle zehn kamen dran. Alle zeigten den gleichen Mut. Das dauerte alles in allem fünfundzwanzig Minuten. Der Scharfrichter grinste ständig und machte dauernd seine Witze. Die Filmkamera arbeitete ohne Unterbrechung.«

Editorische Notiz

Der vorliegenden Erzählung liegen umfängliche Interview-Aufzeichnungen zugrunde. Die schriftliche Fassung sowie die Rahmen-Texte wurden von Marion Yorck sorgfältig und abschließend durchgesehen. – Die in der ›Historischen Erinnerung‹ auf S. 124–126 wiedergegebenen Zitate wurden der Dokumentensammlung entnommen, die in sechster Auflage 1969 unter dem Titel ›20. Juli 1944‹ von der Bundeszentrale für politische Bildung (Bonn) herausgegeben wurde. Die ›Historische Erinnerung‹ wurde unter anderem auf der Basis dieser Dokumentation erarbeitet sowie mit Hilfe der grundlegenden Studie von Ger van Roon ›Neuordnung im Widerstand. Der Kreisauer Kreis innerhalb der deutschen Widerstandsbewegung‹, München 1967.

Sämtliche Fotos, auch die auf dem Umschlag, stammen aus dem Besitz der Autorin.